Alexander Xaver Gwerder
Gesammelte Werke und Ausgewählte Briefe
Band I

Die Schlacht

Ferues Land mit einem Lockruf
aus Dunkel und Veilchen —
Ebenen, hinter die Schatten laufen,
und zuweilen auch schweben
da Blüten und Brisen ...

Hörst du die Sterne? Wald
hohe Levkojen, mahnend durchstrahltes
Geheimnis im Blaufront —,
der Goldhelm, an Morgen dann
                    landwarm
wie Blut nach der Schlacht?

Wälle genau! Kein Schlaf
ist wie der andre. Wir sind Bewohner

Alexander Xaver Gwerder

Nach Mitternacht

Lyrik

Herausgegeben von Roger Perret

Limmat Verlag
Zürich

Der Verlag dankt der Schweizer Kulturstiftung PRO HELVETIA, dem Kanton Zürich, dem Kanton Schwyz, der Cassinelli-Vogel-Stiftung und der Dr. Adolf-Streuli-Stiftung für Druckkostenzuschüsse.

Zitat auf der Umschlagrückseite aus «Maschenriss. Ein Gespräch am Caféhaustisch».
Frontispiz: «Der Schläfer» aus «Handgeschriebenes Album» von Alexander Xaver Gwerder.

Umschlaggestaltung und Typographie von Urs Berger-Pecora

© 1998 by Limmat Verlag, Zürich
ISBN 3 85791 314 2 Gesammelte Werke und Ausgewählte Briefe
(ISBN 3 85791 311 8 Band 1: Lyrik)

Inhalt

Gesammelte Gedichte

Veröffentlichte Gedichtsammlungen zu Lebzeiten 9
    Die Begegnung (1951) 9
    Monologe (1951) 19
    Blauer Eisenhut (1951) 25
Nachgelassene Gedichtsammlungen 65
    Land über Dächer. Neue Lyrik (1950–1952) 65
    Strom. Gedichte und
    Die roten Lieder aus der brandschwarzen Stadt
    (1951/1952) 117

Ungesammelte Gedichte

Veröffentlichte Gedichte zu Lebzeiten (1949–1952) 161
Nachgelassene Gedichte 175
    Gedichte (1943–1949) 175
    Gedichte (1950) 215
    Gedichte (1951) 289
    Gedichte (1952) 325
Nachgelassene Übersetzungen (1950) 369

Alphabetisches Verzeichnis der Gedichte 377

Gesammelte Gedichte

Veröffentlichte Gedichtsammlungen zu Lebzeiten

Die Begegnung (1951)

Die Klöster der Einsamen

Wo die Asphaltdünste rauchen, des Teers
unsägliche Segel das Bild des Verkehrs
dickfädig duchziehn: Aus der reineren Lichtung,
im staubigen Goldlicht des städtischen Märzens
– Das unterste Tor der Platane Richtung
zum Himmel nachspürend, zum Himmel des Herzens –
So hebt das erste der Einsamen Klöster
vom Schwefel sich ab in die Wolken Erlöster.

Inmitten grenzt die gestaltete Landschaft,
inmitten fängt eine andre Verwandtschaft
in Häusern und Strassen zu werden an –
Wo die Schlote zerbersten auf Taumeldächern
und's glutet und tropft vom Lärmaltan:
Aus bitteren Bräuchen, aus geilen Gemächern
entblühen Glanzmauern dem Strudel der Stadt,
um jene Stille die einzelne hat.

Noch siehst du die Leute geschäftig und nichtig
und wie sie ahnungslos übergewichtig
an Rändern entlang ihre Wünsche tragen –
An was für Rändern? Tand ist ihr Rand!
Doch mitten aus ihnen und gläsern ragen
die Räume des Reichtums, das Abseitsland –
O Frohsein im fraglosen Hintergrund!
O Staunen, endlich, am wissenden Mund!

Du denkst dir den Park mit Pissoir und Bänken –
Nun ist's ein Turm und die Fahnen schwenken,
und hoch von den Bäumen flammt das Fanal
der Schweigsamen Einkehr, in Schwarz und Azur.

– Weit unten im Grauen erstreckt sich das Mal
der Täuschung die lärmend sich vorher verschwur –
O heiteres Jenseits mit Palme und Buch
unerreichbar den Masken und fern vom Fluch!

Die Begegnung

I

Eine Welt ist zu Ende – ich weiss –
Das wusst ich heut abend, als du vorübergingst
Fremde seit je – doch für immer dem Kern
dieser Fügung Vertrautste – verhängt
über den Augenblick zweier fast tonloser
Sekunden ...
　　　　　Gewissheit endlich,
unter den süsslichen Düften
giftigen Benzinnachmittags,
der noch aus den Blättern der Allee
fiel, wie kündende Wolke metallenen
Gottes: Gipfelgewissheit!
Zwei Schritte vom Abgrund ...

Es gab etwas das blendete und beinahe Tränen
trieb und das ich denn hinter mir liess,
wie eine Schuld, die mir nun nachstellt und später,
im Bett, aus den Kissen steigen wird und
stampfend auf meiner Brust ...

Ich werde nicht einschlafen können.

Ich werde tolle Symbole erfinden, unbändige
Gleichnisse, um wenigstens die schlanke Kontur
deines Schattens hinüberzuzeichnen
in den verdammten Tag. Denn es war Nacht.
Lärmige, nichtssagende, aussergewöhnlich
gewöhnliche Nacht beliebiger Grossstadt
die mir dich brachte ...

Türme zu bauen, wäre Befreiung,
teuflische vielleicht – ich aber reisse ein,
warum nur, (es lässt sich erklären)
was immer ich baute –
Die Schranke durchbrechen, wäre Leben,
gottloses vielleicht – ich aber vegetiere,
warum nur, (es lässt sich erklären)
lieber mit Gott.

II

Ich weiss nicht, wann deine Schritte
blühen werden, aber mir schien,
ein Garten ginge vorüber –
Ein Garten – welch ein Wort!

Unter den Sterngebirgen der Vorzeit,
ganz im Gefühl eines unverbrauchten Daseins:
So leicht und entzündlich, so ernst
und bedeutsam, wie ein Orakel,
das Träume durchstösst,
sind Sonnwendfeuer der Nachwelt, ganz nah,
unter dem Orion
zu blühen gekommen …

Doch wenn's geschieht,
dass ein Mann die Strasse quert,
in der langsam schwingenden Rechten
den rostigen Griff vom Petrolofen,
unter den linken Arm, halbverhüllt,
einen Spiegel gepresst: Wärme und Eitelkeit –
Dann fallen mir plötzlich die Schutthaufen
Generationen unterschobener Moral in den
Kiesgruben des Sinnlosen wieder ein,

bis hinter die Traummauern
des Glücks ...

Wie der Einbruch einer finsterwolkigen
Sehnsucht auf die seit langem beruhigten
Gefilde meiner anspruchslosen Seligkeit
mit Büchern und Balkon,
die nun an leiser, aber unaufhaltsamer Trauer
zu jener Schattenschlucht verdämmert, die,
auch sie,
unter dem Orion blüht.
Ganz nah ...

III

Und schlügst du mit deinen Wimpern
selig den Himmel nach tausend Sintfluten
auf: Ich wäre nicht drin und stürbe
inzwischen auf jener Insel, die man
das Paradies nennt.
Allein, unter den Palmen eingebildeter
Küsse, verbrannte mein Herz
in den Gluten der Phantasie ...
Und rauschend erzitterten die Fittiche
weisser Schenkel unter der Kaskade
wollüstiger Anbetung –
Nicht du spürst die pilgernden
Könige von weit her, wie sie endlich,
nach traurigen Dürren, heiss
in deine Brüste beissen ...
Aber ich erschrecke vor deinem
nichtsahnenden Schritt, den du tust,
als gäb es dich nicht –
Als wärst du nicht längstens in mir,

im Gestorbenen dieser Gegenwart,
die zu Tränen neigt, über dem niemand
ergreifenden Spiel auf verbrauchtem
Trottoir –

Bin ich noch?

Oh, die Hintergründe, die ich andern
nicht zeigen kann! Dies trostlose Land
in das mich dein Vorübergehn
verschlagen!

Die Kentaurin
Für Oda Schaefer

Kennst du das Tiefland zwischen Düster
und Dunkel? Jene Mitte der silbernen Kiesel
die im Blutbach aufdämmern? Jene Gestalt,
die die Säulen Griechenlands bündelweise
erinnernd, unter den schwarzen Duft eines
nächtlichen Gewitters hält?

Das ist die Kentaurin auf der blauen Seite
des Lebens –

Nicht ganz so dunkel wie die Höhle des
wurzelnden Wachstums, aber so geborgen
in der Wärme meiner Gedanken, wie der Heilige
auf dem Scheiterhaufen seiner Zeit –
Nicht ganz so düster wie die Ecken der
Schlachthöfe des Elends, aber so unwiderruflich
wie die Ursachen des Leids –

Dass die Liebenden sie spüren, trotz der
Seligkeit ihrer Mondstunde – Und er, mit dem
Einverständnis seiner Gefährtin, sagt: Ist es
nicht, als ob sie hervorkäme, dort, aus dem
Geheimnis des Hochwalds – Dies wundert
mich nicht.

Denn die Zeit der Liebenden ist nahe der
blauen Seite des Lebens!

Doch dass sie manchmal, mitten im Grau der
verhämmerten Industriestadt, majestätisch

die satanischen Kolonnen der Raserei durchtrabt
und auf die Honorationen befremdender Bürger
ihre Hufe setzt, gibt zu denken –
Das periodische Erschrecken aller, nicht wissend
wovor, der plötzliche Unfall für den niemand
eine Erklärung hat, oder das trübe Gehetztsein
Irgendwens, ohne Aufhalt, bis zum zischenden
Zwang gebietender Papiere –
Aber auch das unverhoffte Sichfinden zweier,
deren Wege seit je ohne Fund waren,
der stille Stern, der über die schluchtigen
Gebirge fronenden Alltags weihnachtet, oder
die beglückende Melodie, auf der ein Gerechter
seiner Folter entschwebt: –

Dies ist die Kentaurin auf der blauen Seite
des Lebens.

Monologe (1951)

Monolog

Da ist ein Blatt das die Winde
hinrissen als es welk lag:

Es gab die Tortur der Tropfen,
Verfaultes im Rinnstein und
dreckige Tritte –

Nein. Es gab nichts!

Wo denn wäre der Baum?

Schlaf –

Jenes grüne Dämmern unter den
Blitzen des Sommers?

Nein!

Die Sonnenblumen

Wenn alle Unbekannten aus der Seine,
die gipsernen in den Spiesserstuben, die tönernen
in den Klausen der Intellektuellen, und
in den Stucksälen der Reichen die erzenen,
ihre Augen vom verbrauchten Schlaf
der Verbreitung aufschlagen –
An jenem Tage werden die Sonnenblumen
brennen.
   Und die kristallene Flamme
mustergültiger Offenbarung wird das
papierene Patmos wehleidiger Sänge
mit feurigen Stricken erdrosseln ...
Wenn alle Horizonte von Ideen, die anders
lauten, voll sind wie von Gewittern und
in den Gewölben bürgerlicher Moral die
Mumien mit stumpfen Sicheln
umgehen – Wenn zum ersten Mal jenes
Lachen ausbricht, das den Tod, der wie ein
Transparent vor Drüben gespannt ist, als
Trommel rührt: Dann wird mit wenigen
Worten die Sonnenblume entzündet –

Stadtmorgen

Noch ist Platz in meinen Schleiern
für die nackte Pflanze in Rot,
aber die Häuser dösen noch bleiern,
tief im Geruch vom schimmligen Brot.

Kupfern tränt der frühste Schlot
Wolkenschwarz in meine Feier;
Dachsirenengesang bedroht
heisse Kissen mit dem Geier.

Gläserne Gewichte geigen
über Blech und Schutt und Kot.
Meine Lieder träufeln Schweigen
und sind vor dem Tönen tot.

Tropft's gespenstisch durch die Strassen –
wird die Wirklichkeit zum Meer:
Allen, die ein Leid vergassen,
bring ich's doppelt wieder her.

Aus dem Stilleben mit Früchten und Geige Willi Hugs:

Kulturlandschaft

Über kreischende Keile der Überzahl
schwingt der blendende Teppich
welttätigen Tibets.
Das schweigende Schaffen einsamer Klöster
endlos an den Säumen der Renaissance,
und lachende Lagunen befreien das Ungemeine
gereifter Früchte von der Menge
des Meers.
Und da und dort geht das ockre Verdämmern
falscher Gefühle vor sich,
bis an den dauernden Horizont einer Generationen
gemässen Geige: Der Aufstand der Schönheit!
Italische Insignien! Mäandrische Magnolien!
Nach zweien Kriegen aufgerissener Hemisphären
wieder im Anstieg, tausendstufig,
gegen die Hölle gepanzerter Gebirge,
nach Innen,
       seine Hoheit: Der Mensch –

Blauer Eisenhut. Gedichte (1951)

Du hast nichts empfunden, was nicht berechtigt wäre und dunkel, und somit vollkommen entsprechend der Maschine der Sterblichen. Sind wir nicht eine Art Phantasie, in die man Ordnung gebracht hat?

Paul Valéry

Herbstzeitlos

Unter Strahlen, unter Stunden
Spuren nur –, Bewältigung –
Beste Blüte, früh erfunden,
herbstzeitlos –: Erinnerung.

Was wir tun wird nie verstanden,
was gelingt ist nie erreicht –
Flüchtig dauern, fremdher stranden,
wasserschwer und aufgeweicht ...

Kahle Lichtung, Laub im Winde,
jede Höhe Herbstlandschaft –
Segelnd unterm Zufall –, linde
Lösung –, lieblich zweifelhaft.

Atme –, ach, der Spiele Grenze,
solches Ungeahnt im Hirn –,
steige, falle –, deiner Tänze
Trunkenheit und Duft zu wirrn.

Was wir tun wird nie verstanden,
was gelingt ist Traumgefild –
Später dann in Weihern landen,
sinken in ein Spiegelbild.

Strömung

I

Du stehst auf der Brücke
und bist nicht erwacht.
Was dir auch glücke:
So blind in der Nacht –

Schaust du nach Röten,
nach Ufern – entzweit –,
tönen die Flöten:
Vergeblichkeit!

Tröstlich die Tiefe:
Nicht Flug und nicht Fall,
endlos, als schliefe
der Widerhall ...

Seither verging dir
die Lust und die Qual –
Oh, so vollbring hier,
errichte das Mal!

Zeichne die Schaumspur
– am Pfeiler zerbrach
vom Abgrund der Saum nur –
und träume danach.

II

Da strömen die Schatten,
Vergiss mein nicht –
Erleben, ermatten,
gestillt am Verzicht.

Du Rote, du Blaue,
du Grottengeist –
Verblute –, taue
von Ufern umkreist.

Der Wind verblies
des Schicksals Figur –
von Tränen ein Fries
auf Asphalt war's nur.

Du Blaue, du Rote,
du Reigen im Rund:
Zu singen «Die Tote
verging unterm Mund …»

Nun ist sie gelandet
und weiss es nicht –,
in Lächeln gewandet,
gestillt im Verzicht.

Am Ufer

Brandung –, o Wunder aus Wellen –
Stern, Blume –, fortwährend hinab.
Hier, zwischen Schuppen und Fellen,
treibt, was die Liebste dir gab:

Ein Morgen in rosa Korallen,
die Fabel vom Einhorn erstand –,
im Spiegel zeigte sich allen,
was die Geliebte erfand …

Zenithe voll Wirklichkeit, ohne
den Schatten bindender Nacht,
furchtlos in mächtiger Zone
wider das Tier gebracht –

Verwelkend erst an den Stränden,
Bilder, von allem weitab –
Am Ende entfiel deinen Händen
auch das, was die Liebste gab.

Zu Abend, da münden die Lüste
bescheiden verklärt im Sand –
Es gilt nun an letzter Küste
nur du – und die eigene Hand.

Tag

Gerätschaft des Daseins: Ein wenig Verklärung,
Vergangnes vom Traumruf der Tiefen gerühmt –
Die Stimmen am Strande, die lockende Nehrung,
die uns zu den Spielen Ertrunkner erkühnt.

Der Tag ist der Sonne geweiht wie Geschmeide,
das früher den Brüsten umfunkelnd verliehn:
Saphire, sie fielen wie Trauben die Seide
entlang und verrollten vorm Gott der erschien.

Belsazar der Sage, der Frevel ersann,
– er wohnt in der Woge, im gläsernen Schleier –,
bezaubert den Sinkenden, schlägt in den Bann
des Flugs den Entschlafnen wie eh seine Reiher.

Valse triste

Die Sonne, hochgelobt in Wolkenwürfen,
sie ruft den Schatten auch –: Melancholie;
die einzige, mit der wir schlafen dürfen,
wenn uns der Tag entfloh, der nicht verzieh –

Uns schlägt der Stern dann und die Fabel
vom längst Verlornen, das uns jäh verliess –
So schlägt der späten Stunde Adlerschnabel:
Nur Ethik, Leere –, selbst das Paradies!

Wir wandern weiter, wandern aus in Öden,
in denen alles Frage wird zuletzt –
Als Maskenträger, Spieler nur, Tragöden
umgibt der letzte Schatten uns schon jetzt.

Tula, die Gegenwart

Zu nächtlicher Musik, zu Chören,
zu Rauch um Altertümer,
zu Fächern lässt du dich beschwören –
Und Qual nur bleibt dem Rühmer.

Beflammst zur Flucht in Tag und Ding,
– Angstland und Steckenpferde –
und aus dem Netz, das Leere fing,
verzaubert zuckt dir Erde …

Tauchst du in Morgens blaue Lauben
Gedankenblumen ein,
am Mittag schwellen schon die Trauben,
zu Abend rauscht der Wein.

O nicht für Seligkeit der Haut
will dich die Dirne, Mann –
Zu Dunst! Aus jeder Pore graut
dich Schicksal blechern an.

Genug der Gründe. Hirnpurpur
verströmend in Azoren –
Die Sage neu: Ikaros' Spur
hat sich im All verloren!

Die Zisterne

Silbergraue Gassen schweifen
um das steinerne Geheimnis –
Faune quillen durch die Reifen,
maskeradenrotes Gleichnis.
Taubentönern Widerhall
aus der Masse dunkel Traum,
grünend schwül Gewitterschwall
drischt im Botokudenbaum.

Glasgewichte, Trauerflor –
Trüb der Himmelantipode
rüstet zum Empfang das Tor,
zählt die Häupter hinterm Tode
und hängt schalldicht Ketten vor.
Nichts ist Landschaft, nichts die Steppe,
aber dumpf Tartarenchor
wühlt im Sprühblust Dunst und Treppe.

Jahrlang unter Algen gleitend:
Endlich Tag der Phantasie!
Auf Mikrobenwellen reitend
Pfiff, Metall und Melodie –
Firnelicht, Kristalle unten
locken Zeichen, Zuckerkuss ...
Tief gewagt: Aus Letztlichbuntem
acherontisch flammt der Fluss.

Sekunde des Schönen

Im Tal der Bernsteinbuchten schwimmt der Schwan;
sein blinder Bug strahlt mir entgegen, zeigt
das Lichterlohe, des Vergessens Wahn,
der flach am Ufer mit Korallen schweigt –

Und manches Mal, in Spiegelblau getaucht,
noch eben Perlen brechend im Gespräche,
verstummt der Muschelmund –, entsteigt erlaucht
der Tiefen Antwort, platzend so, als spräche

Atlantis –: irgendeins von jenen Orten,
die steigend, deutbar nur dem Eingeweihten,
ihr Wesen um den Schwan des Schönen horten –:

Der rings umschwärmt von grünen Trunkenheiten
die Silberbrise spürt, die sich aus Worten
von alten Wohlgerüchen will entbreiten …

Stundenspiel
Für Erwin Jaeckle

Blut und Glas
in Wechselwellen,
Weidegras,
du unter Fellen –
Kennst du das?

Segeltraum
mit weissen Schiffen,
Perlenbaum
verlockt zu Riffen,
später: Schaum –

Hohes Wort,
Gebirgsverwandtschaft!
Klarer Ort,
durch alle Landschaft
tiefer fort –

Sprich ins Weite,
hol aus Fernen
fremd Geleite –
ach, mit Sternen
nie zur Seite!

Zauberkreis,
erstarrte Steppen,
früher Eis,
geheime Treppen:
– kein Beweis.

Muschelglut –
oh, über Brüste,
Glas und Blut
an alter Küste
reglos ruht …

… Hier erlag,
beglückend strafend,
Schleh und Schlag
so strömend schlafend
unter Tag –.

Rhythmen

Den Blick in die Dämmrung, der Küste Vergilben,
in Glosen, in Gluten Gedankengeweih –:
Tonerze am Himmel, mit goldenen Silben
zu schreiben, zu biegen die Stille, den Schrei ...

«Kosaken in Sätzen der Newa entlang –
Vokale die blitzten, melodisch Perücken
im Rhythmus des Ritts», – um so strömender schwang
mit Herzschlag harpunenerbeutet Entzücken.

Und dann eine Wehmut; die tundrablasse
verwehte Figur, die noch hält als ein Duftbild –
Vielleicht ein Verrat in der Hafengasse,
ein Toter, ein Abschied aus dem noch der Duft quillt –.

Gesehen heisst: schlürfen, zusammenhangsfiebrig
zu trinken der Tatsachen Topographie;
in Kupfer des Herzens zu stechen was übrig
geblieben zur Stunde der Hypertrophie –

Bald sind es Smaragde, bald schiefe Chimären ...
Befreit bist du erst, wenn die Sonne entfleckt.
Verschifft ins Vergessen, vergänglich die Fähren –
O Gift, jetzt zu schlafen, bis Lethe dich deckt!

Nu exotique

Lianen langen längs der feuchten Stille,
zu Schlangen kühl sich kauernd und zu Spiel
von dumpfem Haarhelm, dass der Dschungel quille,
vertropfend Buschgrün, giftiges Reptil –

Gelänge dies: der Brise sanftes Wippen
als Palme, Mangoschatten zu verklirrn;
in Achselhöhlen, Brüste – Fische, Lippen
zu tausend Jahren Tanz am Strand entwirrn ...

Nicht hilft's! Die Höhlen dunkeln zu den Zehn,
und Gräser pfeilen meuchlings ihre Schärfe
auf Broncespiegel, über Orchideen –:

Das wirft der Welle Glut ans Riff zurück.
Es hilft nichts –, heisse fliehn die Augen, werfe
das Bild hinab der Ebbe Augenblick.

Antike Vase
Für Willy Hug

Das Tote im Ton hier,
das Töpfergeflecht,
Rundungen der Neugier,
verletzlich – zerbrecht!
Ich hör andre Stimmen –,
was längstens zerfiel,
aus Ufern die glimmen
zur Sternstadt am Nil.

Zu Sternschilf und Schweigen
magnetischer Hauch,
ein inneres Neigen –:
«Ergib mir dich auch.»
In Gründe, in Grale
steigt mystischer Brauch,
aus stygischer Schale
senkrecht der Rauch ...

Olivengefunkel
verströmend im Raum,
Arabesken voll Dunkel,
antikhell am Saum –,
der Kentaur, die Kreter,
Athene, erzürnt –
Ach, schliesse dich, später
scheint alles bestirnt.

Weiss: Rosen, Topase,
wie gläsern, wie kühl.
Damaskisch: Oase
bestürmt von Gefühl.

Akanthus: Vergessen,
so Ruhe, so Blindheit –
Pan in den Kressen
erzählt seine Kindheit.

Indianische Sängerin

Ata hualpa,
gebannte Gestalt,
in Zürich, Ixtapa
entfesselt uralt –:
Am Abend eintausend,
o Sphärenheil,
durch Kondorschnellen,
an Windkaravellen
vorbei fliegt der Pfeil ...

Brausende Kieselgur,
flammender Federwisch,
Spaniens Throntortur
schmachtend am Göttertisch.
Abend eintausend,
Traum der Infantin –,
geschichtliche Fetzen
japsend in Netzen –,
hier, Korybantin! ...

Hier mit dem Wogenstrauss
rollen die Rosen her,
hier spann den Bogen aus
Yma und nimmermehr –
Augenblick tausendlang:
Insel mit Schwan und Butt,
was in den Kratern schlief,
unser gemeinsam Tief,
äugt aus dem Lavaschutt:
Inka-Gesang.

Moment poétique
Für Karl Krolow

Mit Bildern nicht zu sagen –,
fern, ach so traubenkühl,
nah: Dächer, Brücken ragen
schwarz aus Olivenpfühl …

Welch Zittern, welch Errichten
von Zelten im Samun –,
ein Vers dann, ein Vernichten
–: Verbirg es, schweige nun –

Reigen
Für Rudolf Scharpf

Nur nie nach aussen zeigen
was Blüten und Sterne hat –
Heute schon schickt sich zu neigen
zu fallen an auch diese Stadt.

Bleiben die Reinen, die Toren,
bleibt Hellas, die Sonnenspur –
Rom spitzt nur noch die Ohren
und wir –, wir stammeln nur ...

Halten das Messer, die Feder
und pflügen uns durch wie der Fisch –
durch schwärzere Meere muss jeder,
singt er nicht mit am Tisch.

Freilich, es gibt andre Welten:
Nietzsche –, die Inkakultur –,
welche die halten, die gelten,
doch immer sind sie Figur!

Nur nicht nach aussen zeigen
woher dieser Blick jetzt war –
Morgen schon endet der Reigen
– die Opfer bringen sich dar.

Abwärts
Für Gertrud

Wieder ein Tag und die Schwalben
pfeilen in dunkles Gebüsch –
Locker glühn längsseits die halben
Dächer und Wolkengewisch
zögert zur Neige –; der Prunk
löst sich an einfachen Dingen:
Flachland, betäubender Trunk –
Sinken – und später vollbringen!

Nur noch die Kühle erwarten –
endlich ein letztes Gefühl ...
Jahre des Hingangs, die Fahrten
abwärts und leiser am Kiel.
Sonne noch, blühnde Hypnose,
stumpferer Strahl schon gezückt –,
dann, unter Träumen o Rose,
pflück ich dich anders beglückt.

Margueriten

Wieviel Gewagtes, Verschwiegenes
verzögert am Sommerhang –
Düfte, Übriggebliebenes,
Assisi und Sonnengesang.

Rufe, Wälderumschattung,
Verliebten als Lösegeld,
Ströme, Wolkenbegattung,
was sonst noch dazu zählt –:

Wer je in späte Zimmer
dich über Asphalt trug,
stückweise deinen Schimmer
in fremden Wind verschlug ...

Zu Traum, Metamorphosen,
Flutung an Abendstrände –,
das lockend Lösen, Kosen,
Kuss – und dann zwei Hände!

So dumpf nach vierzehn Tagen
zur letzten Lust getaucht:
Sintflut, die sieben Plagen,
Kehricht, Abfuhr –, verbraucht.

Blauer Eisenhut

Gewölbe, Schäfte, gotisch Kronen,
auf Gletschern wehrbar Samenspur –
Ans Meer mit Wurzeldepressionen,
halb und halb wie Kreatur –

Zentaurisch jenseits schon zu wohnen,
ohne Wagnis, Götterschwur ...
Blieb da nicht ein tiefres Thronen,
als am Busen der Natur?

Stets von Tierangst rings umgangen,
– violett: Akonitin –,
träumerisch in dir gefangen

Drohung, Gegenwart –: so schien
keine Absicht je zu langen
noch zu brechen, noch zu fliehn.

Regenblick

Hier –, diese Farben noch am Trottoirrand –,
sieh dieses Gelb der schicksalsschweren Flüsse:
Jangtsekiang, Nil, ach, trüb um deine Füsse ...
Und dann vermischt sich alles, Meer und Land.

Vom Regen je so blind ins Grau geboren,
den Tieren unvermögend zugesellt –,
das hält dein Mut nicht lange aus und fällt;
du weisst Vergangenes wie *nie* verloren!

Es zucken Hände noch im Sturz und handeln
an einer Überschwemmung, wüst und wild –
Ein Bündel Blüten auch, Bananen, Mandeln

zermalmt der letzte Schritt – nur Tränen tagen
ein wenig Wärme, Eingang, Titelbild
zu diesem Blick in Untergang und Klagen.

Fremde Tränen

Anders nicht als Strähnen Golds am Abend
locken fremde Tränen ins Geheimnis –
Abgewandter Traum, Gedankenkeimnis,
rasche Reime, Sätze dunkel trabend

hinter Stämmen jenes hohen Haines,
der die Fluten noch in Wipfeln wiegt –
Hier ein Balkon, ein Gesicht, geschmiegt
zwischen Gitter, Abschied –, und des Steines

graue Wucht im Hintergrund –, nun Flug,
Lust zu Neuem: Wälder, dreizehn Meter
über Strassen, wo die Winde klug

nisten im Erinnern, wo verwehter
Ruf sich heller wieder bricht am Bug
deiner Küste Tröstung –, Tauben später ...

Gedichte

Öfters erklimme denn nicht die Stille,
als die Menge dich dazu treibt –
Dichten ist Reichtum, da der Sibylle
Spiegel unendlichen Raum beschreibt:
Sieh deiner Landschaft köstliche Klarheit,
zahllose Gnade aus nichts wie aus Wahrheit!
nie mehr die Angst vor des Lachens Wüsten;
höher – Orion – Mass deiner Schritte.
Heisst nicht der Mensch in des Masses Mitte
heiter dich zur Vollendung rüsten?

Blendet der Asphalt, des Habens Fontänen:
Sanft überfährt sie der Wind der Gesichte.
Keiner schliesst Frieden am Teiche der Tränen,
Wogen von Gold sind noch keine Gedichte.
Aber die Röten, die Meere, der Tanz!
Alle Ergriffenen wissen den Glanz
jener Gestade am Ende des Worts,
wo die Gebärden sich innig gestalten,
Kreise uralte Klänge enthalten,
Jubelchöre osirischen Orts.

Einmal die letzten Möglichkeiten
ganz in glühende Reinheit gekleidet:
Schöne Stimmen aus allen Zeiten,
sprechende Sterne von Märchen umweidet,
Bilder von Bettlern, von Himmeln aus Scham,
Erinnerung an jene Frau, die nie kam –
O gültiger Anruf! Zur innersten Stund
staut sich die Nacht mit den ewigen Sängen.
Jeder will sich ins Tägliche drängen,
blühend entfalten am duldenden Mund –

Verdämmern

Der Abend naht –, ein schwarzes Schaf,
das wollig durch die Strassen streift.
Die Augen ahnen schon den Schlaf,
der aus Erloschnem nach mir greift –

Die Möwen, morgens aufgestört,
den Tag mit Luftfiguren füllend,
sind lautlos wo zurückgekehrt –
Und mich in Ungewisses hüllend

berühren schwindende Figuren
den Blick mir kühl mit jener Frische,
die, von den Vögeln die sie fuhren,
noch anhält bis zum Abendtische.

Sommerabendsonett

Der laue Wind bläht die Schlösser des Südens
in duftgeöffnetes Abendhaar,
und über die Grüne des süssen Ermüdens
verwundert der Tag sich, der ausser sich war –

Im Walde betrinkt sich die Stimme des Düsters
am Bach, dem die Steine so weiss erblüht.
Wie schwarze Kerzen verzauberten Lüsters
erwarten die Stämme, was nun geschieht –

Am Gletscher der Nacht wird mein Lied erfrieren,
kristallen entschweben – vielleicht in den Mond.
Ich werde dann schlafen und träumen von Tieren,

die vor mir auf kühnen Brücken entfliehn:
Besternten Geweihes werden sie blond
die Brunstgefilde des Schlafs durchziehn.

Schatten sinken

Schon Absturz, eh die Schatten sinken,
schon zu Tal der Aar –?
Noch Regenbogenräume trinken
eh das Letzte war!
Aus Archipelen, Andromeden
Drachendämonie –
schon schwellen Lippen, Wortreseden,
Wurzeln rollen sie ...

Gefälle strömlings, Ebbe, landen,
Mitte, Melodie –
die Herkunft schleierhaft vorhanden,
Jahre raffen sie:
Die Sphinxe bröckeln mit Sekunden
Schutt, Monotonie –
noch brüten Vögel, bündeln Stunden
nichts und jetzt und nie ...

O Lager, Zelte, nächtlich Palmen,
Kikiwaki-Kirken –
doch weiss und hoch und nördlich malmen
Bären unter Birken.
Genug denn –, fliehe Nordlichtletztes
aus dem Sternrevier –,
vor Rangoons Tigern ein gehetztes
Gletscherfabeltier ...

An Inseln spät das Treibgut her:
Tempelsäulenbilder –,
die gelben Schlachten, Mond im Meer,
Totes auf die Schilder!

Und blau ein Reis, ein Opferschwelen
raucht dir Träume zu ...
Der Tauben Blut, zerschnittne Kehlen,
Melancholie und du –

Sturmvogel

Nimm dich zurück aus Schatten und aus Leere!
Sieh deines Tages Qual und Ordnung fällt
vor dieses Himmels Fluten arg entstellt –
und andre Ufer harren deiner Fähre ...

Wähl eine Strömung, lass dich ziehn dann, treiben
auf jenen Meeren voller Wolkenbruch –,
lass Blitze Blumen zucken, Mondgeruch
mit blauen Kielen in die Wellen schreiben.

Springt dort des Rätsels Dreizack drohend vor:
Es gilt Bedrohung nicht; im Herz verborgen
rollt sanft die Dünung dir aus Urweltmorgen
und spricht von Stränden, Fisch und Schilf im Ohr.

Sturmvogel –, der Sirenen Lockruf füllt
den Rest der Dämmrung, drin die Stunden gilben –
Oh, einer letzten wehr mit letzten Silben,
dass sich der Abend am Gedichte stillt.

Am Kamin

Pagoden glühn und Minarette prägen
in einen Horizont voll Herbst den Tag,
da selbst die Winde Wollust waren, Schlag
aus süsser Peitsche bitterem Erwägen ...

Als Opfer brennt dir der Erinnrung Narrheit,
wenn alle Taten sie zu Münzen schmilzt
die du vergeblich dabei Fälschung schiltst
mit einem Fusstritt nach der Scheiter Starrheit.

Nun hebt gar Reue an – Verfluchtem stammt
dies graue Bellen ab in wachen Frieden –
Du träumst wohl: Wach? – so wird hier nichts beschieden;
Vergangenheit verlobte –, was noch flammt,

hat andre Gründe und ein fremd Gesicht –:
Der Horizont voll Herbst – Pagoden sinken,
vom Winde Wollust – letzte Gluten blinken –
Und das Erwachen, später, spürst du nicht.

Rose um Mitternacht
Meinem Vater

Gebannte Stimmen im grünen Gemüt,
auf Purpurpergament,
von jenem Atem eingeglüht,
der jetzt noch in euch brennt –
Gewitterstille – Brandung des Bluts,
brechend am hintersten Damme des Muts –
Getürmter Gespräche Babylon,
zum Blühen geballte Vulkane:
Ein einziges Wort, ein leisester Ton
entfaltete euere Fahne.

Entlocke den letzten Zauber nicht,
der Sinn würde sinken im Kuss;
an Algen und Kieseln das nackte Gesicht
vorübertreiben im Fluss –
Die Toten hättest du zum Geleit
im nassen Arm der Vergessenheit!
Du Schlaf, von nun an hüte dich,
Gewässer wären das Ende;
gewellte Spiegel über sich
erstickten deine Hände –

Schon bricht im Tal der rote Rauch
aus dem geheimen Tor.
Du singst. O hüte dich! Du auch,
brichst irgendwo hervor –
Der Spiegel springt. Das Lied ist aus;
und schwarz flammt unser Traum heraus.

Versengte Falter fliegen fort,
ein Mund voll Staunen irrt –
Der Vorhang fällt beim ersten Wort
das in die Stunde klirrt.

Himmel

Nachtgewölk. Geheime Weide –
Reiter –, blaues Kirgisenheer.
Rauch im Schilf, von Winden quer
Standarten mondener Seide ...

Silber stiebt und Strahlen ragen
voll von reifen Zeichen nieder –
Und zum Takt der Wüstenlieder
Sphinxekrallen schlagen ...

Lieder, die den Blick ins Weite
unter Wermutmonden rühmen –
Sternher blühen Fische, Kiemen
so atemlos befreite ...

Schambhalas Bilder –, Ungenaues
weht aus Vorzeit uns Bericht –,
Traum, an dem das Denken bricht:
Mit Flugsand schneit es Blaues.

Der Schulterstern*

Ich stehe und stürze im eigenen Ziel
und rufe mich licht in Äonen –
Einst traf ich auf Afrika, spiegelnd im Nil,
und sah mich die Erde bewohnen.

Ich zog in die Länder, um König zu sein,
und zog die Nächte zusammen.
Mit strahlenden Schreien schrie ich den Stein
der Traumgebirge in Flammen.

Tagsüber, da hielt mich ein Bettelkind
von niemandes Gnaden versteckt,
wir sassen am Eingang zum Wüstenwind
der die Palmen mit Rauschen bestickt.

Doch nächtlich, als ich auf den Einsamen traf,
den die Muschel des Leides umschloss,
erfand ich ihm Schlösser aus Schlafgold und Schlaf,
drum ringsum die Troststimme floss.

Und schuldige Reiter in finsterer Flucht
verbarg ich im nackten Vergessen.
Ihr Herz, mit der Drohung inständiger Wucht,
ward langsam von Süsse besessen.

Und jetzt bin ich Insel mit Schweigen und Sang
der Ewigkeit endlicher Strand –
Wer je die Fackel der Sehnsucht schwang,
trat Spuren in meinen Sand.

* Beteigeuze; arab. Name: Ibd al chanza, der Schulterstern
und zugleich hellste Sonne des Orion.

Nachtbalkone

Augen, zur Nacht ins Geheimnis gespäht,
seid meine Götter, im Windhauch der Sylph –
Kauernd als Weingerank, schimmernd Gerät,
wellenlang hingeflösst Rausch zwischen Schilf …

Nichts sei erwählt, eh ihr raunenden Schauers
offenbart was das Gewölbe gebietet:
Hochzeit in Weindunst; der Knechte, des Bauers
Überfall, hemdärmlig, den ihr verrietet –

Glocken, verstummte; der Schwan in den Zweigen,
ländlich mit Früchten, hebt an unterm Lid:
Traumweiss, wie Tröstung aus Flaggen die steigen,
sanft der Pupille das Schweigen beschied …

Sümpfe voll Rosen und Schlangengekos –,
Pelz über Brüste, geschwungen vom Schritt
bläulicher Gänge durch asphaltnes Moos –,
Sternbild! oh, würgend zuletzt der Nephrit.

Mondwolke

Schnaufender Tiere gelocktes Gewöll,
einsamer Schlaf an der Dämmertränke,
Spiele aus Glas auf bewegtem Geröll –:
Kaum begonnen –, entschwundne Geschenke.

Flammende Palmen und Flammen die fliegen,
Trauben und Träume zusammengeballt,
Steppen voll Götter, Arkadiens Ziegen –:
Meer von Figuren, die nie ganz Gestalt.

Jählings erlischt das Gesicht im Gesang,
Staunen blüht aus der grauen Zisterne,
Atem, wie Düfte versteckter Sterne ...

Oh –, über mich fällt die Schwere der Kerne!
Alles ist alt, in vergessener Ferne
fallende Fackel, die niemand schwang –

Credo

«Du Sommerseliger» hat einst eine Frau
zu mir gesagt –, und siehe: Galatheen
mit hellen Stimmen, Südsee-Palmalleen
ergossen rostrot sich am Drahtverhau –

Nun schmilz im Kusse –, tief im Katafalk
lass die Erhängten drehn und wispern – Tränen
von rauhen Stricken rollen – lass sie wähnen
die Welt sei gut und Schmerz ein arger Schalk.

Oh, sieh verwandelt auch den Trost aus Trümmern:
Wie jene Eisenkrume Blüten treibt
und wie die Ziegel zwischen Halmen schimmern –

Du sinnst den Tag entlang so traumentleibt,
ziehst schwer der Gegenwart entlang Erinnern,
und glaubst, dass dann im Staub die Spur noch bleibt.

Lotos

Lotos –, in Städten, die weissen,
so bitter vom Herbstwind gebräunt –,
nirgendwo klar, nicht verheissen,
nur eine Sekunde geträumt:
«Sinne, erglüht und erkoren
zu Fluchten, zu Nüssen aus Gold –;
dann jene Stimme: Verloren,
du göttlicher Trunkenbold!»

Bitter, so will es die Stimme,
verneigt sich die Palme im Sund –
Nacht aus der Krone, verrinne,
verflüstre mit Staunen im Mund.
Dein ist des Lieds Allerletztes,
– den stummeren Muscheln entreiss
Klage der Klarheit, Entsetztes,
um das deine Seele nicht weiss.

Rausch und Figur nie zu finden,
erstarrt dieses Schweigen im Eis –;
wörtliche Inseln verschwinden,
erbarmungslos schliesst sich der Kreis:
Sinne, erglüht und erkoren
zu Wirklichkeiten aus Gold –;
dann jene Stimme: Verloren,
du göttlicher Trunkenbold!

Nachgelassene Gedichtsammlungen

Land über Dächer. Neue Lyrik (1950–1952)

Wehe, wenn das Land-Heimweh dich befällt,
als ob dort mehr Freiheit gewesen wäre, –
und es gibt kein «Land» mehr!

Friedrich Nietzsche

November

Der Herbst, der späte, kniet vor grauen Lastern
und greift mit krummen Fingern ins Gedörn –,
am Hals die Schwermut mit dem Goldgehörn;
Robinien klirrn im Haar und kalte Astern ...

Verdorrtes Leben flackt aus Feuersäulen,
der Rest ist Asche, stumm –, Vergangenheit –
Die Handvoll Blätter auf den Weg gestreut,
im Dunkel dann der harten Schritte Keulen.

Nimm's hin! Es ändert nichts an deinen Tagen.
Magst du Gebete: Bet –, es ändert nichts –,
was durch die Äste quillt ist immer Klagen.

Doch gibt's Erinnrung, gibt's das Lied des Lichts:
«Die Brandung schwoll. Zwei Segel. Sonnensagen» –
So weih's denn –, in die grauste Stunde flicht's!

Dämmerklee

Weinroter Abendhang –
Mohnquellen silberlicht
locken dem Land entlang,
lautloser Lust Gesicht
blüht von den Dächern.

Schwerer nun Blick für Blick
strömt deiner Weide Meer.
Spät, als ein letztes Glück
sprengen noch Rosse quer,
schäumende Brecher.

Tiefer fliehn Halm und Hang
unten in Einsamkeit –
Wallender Überschwang,
herzhoch und himmelweit
funkelnde Fächer –

Astern

So schwer wie ihr sein,
erst halten, dann fallen –
Versinken und Hiersein:
So geht es uns allen …

Du fühlst, wie am Strauch
die Nebel hangen,
Pulse aus Rauch
und der Tag vergangen,

das Herz in Watte,
der Weg noch weit –
Was schlug nicht, was hatte
nicht Wirklichkeit?

Ob wir hier enden,
ob Träumen, ob Tanz –,
auch unseren Händen
gelang einmal Glanz.

Uns stehen die Uhren
uns bräunt das Spät –
nur Zeitfiguren
und bald verweht.

O liegen –, o landen
wie sehr im Ziel –
Zu niemandes Handen
und alles war Spiel.

Die Verse einer Nacht

I

Noch klang von der stillen Treppe dein Schritt,
da fielen die Sterne ringsum ins Gras –,
bis auf den einen, der fiel nicht mit,
weil er vor dir zu fallen vergass ...

Stern des Vergessens!, was war nicht dein Licht
als die Fackel der Sehnsucht entbrannte –
Nur Sterne wissen das hellste Gesicht,
das ich selber vergass, eh ich's kannte.

Nun dreht dieses Jahr sich. Es löscht die Leere
den Blick in andere Blicke aus –
Es treibt ein Floss in andere Meere:
Es sang ein Herz in fremdem Haus.

II

Nur ein Blatt im Nebel,
nur ein Halm in Nacht,
stumm wie Taubenschnäbel
vor den Blick gebracht –
Zwischen schwarze Späher,
zwischen Tang und Traum,
tritt das Schicksal näher
aus dem Rätselraum ...

Kühle Morgenseide
flügelt Land und Laut –,
alles treibt uns beide,
Bräutigam und Braut.
Tiefre Bilder blinken
durch den Dornenhag –
Lass uns *die* noch trinken,
grau kommt dort schon Tag.

III

Was du leicht aus den Stunden begreifst,
was dich lange mit Dornen umflog –,
nur von Worten begrenzt die du streifst,
nur ein Strahl der dich himmelwärts zog:

«In die Abende flochtest du Blicke,
in die Mitternacht schlüpfte dein Leid –,
es verlöschte bald jenseits der Brücke,
– du ducktest dich tiefer ins Kleid.

Man erfuhr deinen Schlaf nicht, dein Schweigen –
Man versuchte, erzählte und sang …
So begannen die Nebel zu steigen
und die Nacht wurde weisser und lang.

Es gelang nicht zu fliegen, es sank
was die Räume entfachten an Traum –,
wie verschneit stand dein Abbild am Rank
und es fror und es spürte dies kaum.»

Noch ein Vers in die Nebel gemalt:
So sind Früchte, Erfahrungen, Fleurs –
So geliebt, so geglaubt, so bezahlt ...
On ne sait ni qui vit ni qui meurt.

Nur Farben, nur Spiele ...

Ein Lied und dein Schweigen –, ein Schatten davor –
Wie möchte man doch unter Sterne sich zweigen,
mit ihnen entzückt sich den Bechern zu neigen
und heiter und höher das Lied dann im Ohr:

«Hier Liebe, hier Lachendes, Mähnen und Rosse
mit frohem Gewieher durch Halme und Holz –
Am Strom und ein Strahl und dein Haar strömte stolz
entlang der Korallenwand, glühende Flosse ...

Nur Farben, nur Spiele –, das Allemaleins
aus Grüssen des lockenden Mundes erspähn –
Was schwand nicht, was fiel nicht, was war nicht Vergehn?
Nur Hände, nur Lippen im Rausch allen Weins.»

Dann gingst du. Dann schob sich die Wolke davor.
Erinnrung an Muscheln, an Perlen beim Tanz –,
die Rückkehr, dein Haar –, oh, wie war ich da ganz!
Das Lied jetzt –, sei still: es wird sterben im Ohr.

Der Schläfer

Fernes Land mit einem Lockruf
aus Muschel und Veilchen –
Ebenen, hinter die Schatten lang,
und zuweilen auch schweben
da Blüten und Brisen …

Hörst du die Sterne? Wald
hoher Levkoien, mähnendurchtrabtes
Geheimnis im Blaufrost –
Da Goldhelm,
zu Morgen dann handwarm
wie Blut nach der Schlacht?

Wähle genau! Kein Schlaf
ist wie der andre. Wir sind Bewohner
ältester Züge und ertasten die Höhlen
fremder Augen von innen
im Schlaf.

Morgen in Aussersihl

Blaue Lauben, Balkone im Schimmer
der Eiszeit – Frühstückend
im Uhrenstil, Späherblick dann
und die gewiegte Kurve
ohne Orakel.
Milch wallt im Hüttenrauch während
die Zinnen frieren –: Zahn-
klappernde Gitter vor den Gärten
des Himmels.

Sind wir das? – Grau, transparent
und besinnungslos –, Kreuzigung,
barock im Halbschlaf –
Wir? Im Autobus hochseefahrend
Titanic, vor sieben?
Siehe dich tagend: Feine Sichel,
Fischgold im Ententeich, – Mohnhorn
schmal, bluthoch und die Rasenzwerge
des Mondes.

Die Mauer

Unten, am Eingang eines normalen Gartens, beginn ich
und jäh brech ich ab
vor den Giraffenhälsen zweier Türme,
die aufsteigen aus der gespreizten Idee
ohne Bedeutung. – Ich lästere! Noch ist's
das Münster, das in den schwärenden Schoss mir
seine Schatten wirft und jenen Wind
in Stücke zerteilt, der nie sonst die Öde
meiner Buchten erreicht –
          Jene Verstecke,
die plötzlich die Harmlosen sich entpuppen lassen –,
wo die Vulkane geheimer Laster
und hemmungsloser Heuchelei zerplatzen.
Bürgerlichkeit! – Oh, Spucke –, graugelbe Flechten
schwindsüchtiger Armut, voll zweifelnder Himmel
ohnmächtigen Ausdrucks. – Ich,
die Gezeichnete vom Aussatz jener,
die nicht sind – Oh, Dauer! –, das Tagebuch
meiner Erniedrigungen –:
          Briganten ihrer Ehre,
schleichenden Schrittes vorbei am scheckigen Schrei
meiner Offenbarungen ... und ihr Gefolge: die Knechte,
die Sklaven, die Sklaventreiber
und die Masken –. Besoffene freilich
und Hunde hab ich am liebsten!
Bei diesen ist's eindeutig.
Und das Schwanken im Fieber der Betäubung, die Flucht
vor dem Grauen und seine Wiederkehr
sind echt. Auch die zitternden Flanken
geniesserischer Notdurft ...

Einfach ist auch das Tagebuch meiner Regen,
die die Reiche dieser Vor-Sintflut durchrieseln –: Es gibt
keine Hügel, keine Erhebungen, von Gebirgen
gar nicht zu reden –
nur das offensichtliche Sinken
gegen Abgründe, die vielleicht brennen
wenn man nicht hinsieht ...
Gewiss
sind die Sonnstunden Blumen
meiner verachteten Stille –, und abends, gegen fünf Uhr,
wühlt sich die erste Kühle
im Staub unter mir. Aber im Dunste der Frühnacht
belauern die Liebenden
bereits wieder die Trauerwüsten versammelten Auswurfs,
geschändeter Moose und des trostlosen Auf und Abs –.
Nichts
ist dann strahlender,
als die Wendungen reinen Blonds
unter den Angriffen spanischer Schwärze –,
oder die zärtliche Schmiegsamkeit jenes Vergessens,
dem andre Welten wiegend entspringen,
zu spüren ...
                                                                              So
bin ich denn Hintergrund für diese Tragödie,
die alle absehen könnten, ausser
den Mitspielern –.

Kindliches Rendezvous

Unter den Bögen und Höhlen des Hofes
schwingen die Röcke bei schattigen
Händen und Knaben.
Blumen im Rinnstein trüben die Rotte,
und meuchlings die Stimme
(balkonüberhängend):
«Evita!»

Dächer des Tages, um sechs Uhr entblätternd
mit glimmenden Ziegeln,
Lüste der Dämmrung: Schwarzes
Gefieder, Schirme und scharf
aus glotzenden Kellern ...

Endlich der Abhang,
sanft und vergeblich und viel
Versäumtes –

Ballade in Blau
Für Rudolf Scharpf

I

Wir wissen nicht ob Blüten –,
von welchen Stränden her?
Wir könnten es verhüten,
sie sänken doch ins Meer.

Sie trieben, letzte Rosen,
den letzten Inseln zu –,
der Meere letztes Kosen,
das letzte Ich und Du ...

So treibe denn in Tönen:
Otahi –, Südseeblau –
exotisches Versöhnen
mit einer wilden Frau.

Die Früchte aus den Schalen,
und aus dem Blick das Gift –
Wer wird die Landschaft malen,
auf die das Letzte trifft?

Wir könnten es verhüten –,
von welchen Stränden her?
Wir hätten Bilder, Blüten
und beides nimmermehr ...

II

Ein Wrack am Riff aus schwarzem Sandelholz,
– die schmale Küste zitternd in der Sehne –,
als Pfeile Masten – Augen folgen stolz
den Falten lauer Seide und die Mähne

gelockten Lächelns wöllt ein Nest von Schweigen.
Tristan am Ufer – blau – zu Mittag nur,
da Muscheln klaffen, fremde Tiere steigen,
und unter Palmen sich verliert die Spur ...

Wo blieb das Bild? Es schlug mit Traum die Stunde.
Nach Pfauen roch das Wort im heissen Sand.
Ein Fisch fiel tot aus einem Blumenmunde

und an die Dünung trat das gelbe Land:
Kein Schritt, kein Halm vor leerem Hintergrunde:
doch still verklärte dies die stille Hand.

III

Ging nicht ein Schritt im Dunkel aus,
schlug nicht ein Stern Gewänder
von einst und jetzt, des Dunkelblaus
Vergessen um die Länder?

O Reif im Frühmond, kalte Glut,
Kamine, Kreuze, Trümmer –,
auch Küsten, rot vom Inkablut
und Beduinenschimmer.

Fiel nicht ein Wort im Dunkel ein,
von fernher angestammtes?
Wir horchten lang, das Ohr am Stein,
und träumten Altverwandtes –

Gedankenschwarm: Guadalcanar,
wie hoch im Silberstreif!
Dann theoretisch: Nylon, Radar
and the smiling life ...

Was hält uns noch –, das fremde Land
aus Steigendem und Fallen?
Wir sind allein. Gib mir die Hand.
Nur dies! (So geht es allen.)

Glocken

Hingeneigt über den Asphalt
schwelgt einer Blume Ohr –: Gegenwind,
und die Savanne schwingt bläulich
ihre letzten Tiere hinaus.

Noch drehen die Uhren, aber
bereits, auch im stärksten
Verkehr, ficht's wie mit
Tränen an. Unmissverständlich
holt man den Himmel ein, und
vor den Augen aller, die Rollen
quietschen, hisst eine uralte
Stunde die Nacht hoch – hängt einmal
kurz in den Seilen – schlägt
hin dann unter die Dächer, wo sich
die Halme schliessen und
der erste Traum, der
vom kleinen Finger,
zu zirpen beginnt –

Tee
Für Kurt Friedrich Ertel

Denkst du an Leben, an jene Spirale aus
Anmut der Karyatide Rodins,
steigt schwerer der malmende Zug
kaukasischer Wälder –, und ohne
die spannend beglückende Frist
beim Abflug der Reiher
triebst du in Schlaf ...

Weit sind die Häfen, wo kaum noch
Zerstörung gelb
aus den Flaggen fiel –, doch immer am
Grunde siehst du die fröhlichen
Finger den Blütenhals ...
                         das traurige
Echo der Augen und weisst –: Das
bin ich.

Intérieur

Es ist schon später als du glaubst,
selbst die Erratischen verwittern –
Was du auch liebst, was du auch raubst,
es bleibt doch alles hinter Gittern.

Ein wenig Nebelruch und Laub,
ein Vogelzug ins Herbstgezweige –,
dies deine Welt –, das bisschen Staub
und drin die Fülle und die Neige.

Vergeblich winkt der Vers zurück,
durch den der Tag dein Wort erfuhr –
So naht der stillste Augenblick:
Sogar dein Herzschlag wird Figur.

Nachts am Quai

Schwanken im Schritt, furchtloser Priap!
Da sind noch zehn Dollars, das Zauberkraut
über Terrassen am Meer – Trancen
vor Cadillacs –, sogar Gäule träumen
ohne Wasserspülung geruchlos.

Du heisst nicht Sunshine –, doch etwas
bunter und Spaniens Küsten
verleugneten dich, denn der Papst sah
die Sonne kreisen am Donnerstag-
nachmittag. Wie?
Du glaubst nicht mehr alles? Kometen
auf Flaschen ziehn? Hausse
und Baisse der Schneemänner am Piz
Palü, inklusiv Gloriole?

Es lächelt der See –: Nun bastelt er
nächtens am nassen Grabe –, denn
man stirbt nicht mehr so
gastlich heute.

Mond

Ein Schattenschacht voller Gärung
geheimer Heimkehr –
Da fallen denn die Senkrechten
der Erinnrung an Landlos
in lotosflockende Ziegenmilch.

Feil tiefer durch die Gestade
Quirl meiner Tanzfigur,
Brüstung und Pelz über Asphalt.

Mit Moosen und Wanten neckisch
die Tiefseequalle des Traums, des hohen
Pulses ohnmächtige
Fragmente –
         vor stumme Fenster
und quere Hängebrücken auch.

Nirgends, o klar, das krügene Klirren
einer Handvoll Gestalt.
Doch weiter im Ionenhagel der weissen
kugeligen Fremde ...

Unter Büffeln der Stille I
An Gottfried Benn

Der unsre Weidegründe segnet –
«Adler, Lamm und Pfau»:
Mit muffen Büffeln dem begegnet
ohne Salbölfrau …

Der unter Brücken lämmernd Glocken
süssen Sabbaths haut,
der mit kontinentalen Brocken
Rocky Mountains baut –

Figur des Traums, Päan der heitern
Lust: Vergänglichkeit!
Fontänen denken, Hirne scheitern
auf der Urmeerzeit.

Die Flut hinab nur Brisen, Blüten
quer zum Strom geweht –,
da Wüsten gilben, Wundertüten
in den Sand gesät.

Unter Büffeln der Stille II
An Gottfried Benn

Der unsre Weidegründe segnet –
«Adler, Lamm und Pfau»:
Mit muffen Büffeln dem begegnet
ohne Salbölfrau ...

Der unter Brücken lämmernd Glocken
süssen Sabbaths haut,
der mit kontinentalen Brocken
Rocky Mountains baut –

Figur des Traums, Päan der heitern
Lust: Vergänglichkeit!
Fontänen denken, Hirne scheitern
auf der Urmeerzeit.

Die Flut hinab –, nur Brisen, Blüten,
von der Zeit verweht –,
da Hufe schlagen, Wundertüten
in den Sand gesät.

Réveille

Ich sah, wie man einer Frau
mit scharfem Messer den
Kopf abschnitt. Genau dort, wo es
normalerweise duftet nach
Orangen – zwischen Perl-
kette und dem Keimflaum kommender
Küsse – dort
setzten sie an.
                Kein Schrei – kein
Grau! Still zischend erlosch, wie eine
Kerze lischt – erst brandig und
schwelend, zuletzt mit einem
staunenden Rauch …
                Es roch entsetzlich
nach Militär, nach ledernem
Frühstück zu Hunderten und eine
Sehnsucht nach Geschlecht
krümmte sich zusammen über der
grausamen Kindheit, die aus
Taktschritten blühte –

Monsun

Eine Uhr schlägt
glühglockig und schwer – die Ebene um London –
Westminster flammt und brennend
flüssiges Erz seiner Schläge
versengt mir die Herznaht.
Von Aufbrüchen rings
erzittern mohntrunkne Gedanken, gebogene Gräser,
Medusenhaar unter der Sturmflut, und im
Schilf erwachen die nistenden
Kirgisen –
        Platzt da der Mond
und im Innern malmen langsame Spiegel ihr Rund –
Fackelzüge und Trommeln: Der Blutkreis
entgleist! Der Tiefe scherbende Bilder:
                        Hier
eilt ein Mann und dort, hinterm Hag, lauert
der Schlaf des Weibes … es schneit … es duftet
nach Mokka … sanfte algerische Flocken …
die Brücke nach Tanger
hüpft
von Insel zu Insel –
                Hei! eine Lust!
Hat jemand gerufen?
             Zu
kracht das Gewölk und des Geiers
Schrei rieselt weiss durch die Finsternis …
Erloschen
die grauen Horizonte des Hirns
und von oben: Zerfressen
die Leber – Prometheus
lacht.

Die Weise vom Kriterium eines Heutigen

I

«Reiten, reiten, reiten» –, das konnte der Dichter
neunzehnten Jahrhunderts
mit Wolken und Mond noch. Uns
blieb der Ritt in Stahl und Benzin; besser:
dazwischen. Es bleibt kaum Tag
für den Fischzug der Bazare und nächstens
werden persönliche Bedürfnisanstalten sowie
Selbstbedienungskrematorien
verabfolgt.
Paradiese sind selten. Dreizehn Meter
über den Strassen
beginnt schon der Himmel. Anschliessend
– Kaugummi – spult sich der Tag wieder
rückwärts –, Radio –, und später
knallen die gelben und blauen Taxis
den Rest vor die Haustür.

Den Rest –: Die Lippen,
die zückenden Zungen, die Wasserstoffblonden
und wieder den Rest –, was dann bleibt: Blumen
vielleicht –, Scharteken, und schmal
auch so weisse
empfindliche Bändchen – (man sollte
die Hände sich waschen
vor Versen).
Auch jenes schwarzweisse Zwiegespräch
mit dem Ausdruck von Tiefsee und Stratosphären
hat zum Hintergrund keine Mustersongs

von Missouri-Banditen.
Darling – vielleicht – wir reisen
bei Ebbe – wir wagen die älteste Stromfahrt.
Im Innern der Insel – tat twam asi – wer weiss,
was für Oasen dort
                    brennen.

II

Episoden im Treppenhaus
haben plötzlich Bedeutung –: Fielen
nicht Worte wie Datteln
den Liftschacht hinunter?

«Sie trinken Milch
aus den Schläuchen Unbekannter und
ihre Eselinnen bläst ein Samun
über achtzehn Etagen ...»
                    «Sie treiben
die roten Igel aus Eisen
durch die faulen Kanäle der Stadt
und wenn sie sich abends umarmen,
im Schneegestöber und unter der Sonne
Siziliens, denken sie gleichwohl: Es soll
noch leben wo
im Gestänge Leviathans ...»

«Gratis den Traum, die Gesteinsart fremder
Planeten, eingesprengt in die Tartufferie
allgemeiner Bildung ...»
                    und gratis auch:
«Schritte, die ahnen lassen, was der Azur
von uns hält –»
                Was es auf sich hat

mit dem täglichen Parnass, mit dem
Land über Dächer.

III

In Kentucky soll eines Morgens
der Gekreuzigte Samba
getanzt haben –: was natürlich schwer
schadete seinem Ruf. Aber: Rufen
wir denn nicht
immer? Ja, schreien
denn nicht alle Maschinen nach Meer?
Die Vögel nach Propellern
und der neue Nash
nach Unsterblichkeit?
         Herrlich
wie am ersten Tag – oh Margerit-Rose –:
Purpur über indischen Balkonen, Bananen auch,
sozial und Suez und schlussendlich
doch die Daunen. Vieles
endet der Schlaf, vor allem vorher, nur
die Mistel grünt standhaft
durch den Dezember ...
         Da hilft
keine Story weiter als bis in das Tal
des Todes (Texas, Dixieland), kein Festspiel,
kein zweiter Wahlgang –
         Hier
baut der Geist seine Sphinxen! Denn niemand
denn die Legion
hat die Brunnen vergiftet. Fata Morgana?
Nein! Poesie des Bösen: Mord
auf Distanz.

Winter

Die Fenster tragen den Schimmer
einer anderen Nacht –,
du weisst nicht, waren es Trümmer,
und wem denn dargebracht?

Es kommt überhaupt kein Zeichen,
es stapft auch keine Spur –
Wer wollte dich erreichen,
wer weiss denn *deine* Spur?

Du senkst an kalte Scheiben
die Stirne – denkst so weit –
vernimmst vielleicht das Treiben
mit Gläsern, Klirrn zu zweit …

Da friert aus Eis die Rune
am Glas und will dein Du:
Dein Atem wurde Blume –
du blühst dir selber zu.

Cabane au Canada

Nicht anders als die Scheibe Ptolemäus sah
dreht sich die Erde rund im Senderaum –
Die Wellen, einst den Skarabäen nah,
nun glücken sie an einem andern Traum.

Nun flitzen die Toccaten aus dem Trichter,
Lametta, Loskauf im Trompetendämmer:
Echnaton sang –, Echnaton war ein Dichter,
doch Paris weidete umsonst die Lämmer ...

Wir wandeln nächtlich solchen Schatten nach,
fruchtlosen Schrittes und die Zunge stumm.
Es treibt uns alle aus dem Schlafgemach
zum Skalenspiel im Wendekreis herum.

«Es wandelte sich viel. Es gibt Hyänen
wo erst die Schafe noch am Ufer tollten –,
es wandelte sich viel –, es sind nun Tränen
wo erst noch Perlen über Treppen rollten.»

Wir hören Stimmen, wer es ist –, egal!
Schon jede teilt mit uns den Fall, den Flug.
Ob mystisch, kälter, existential –,
es trägt uns immer, was uns immer trug:

Der Christbaum lässt uns hoch im Norden wohnen,
und auch Tahiti war schon immer da;
durch alle Stuben drehen ferne Zonen,
Hypnosenheim: Cabane au Canada –

Nachtmahr

Die Strassen zu erfliegen
so vier, fünf Häuser weit,
du kennst den Trick, den Ziegen-
bockflug aus Wirklichkeit ...

In fremde Zimmer raunst du,
schwemmst Inseln auf sie zu –
An fernen Küsten staunst du
ob Jitterbug und Blue.

Ein Fluss, ein Rauch, ein Wähnen
strömt aus den Spiegeln vor –
Aus manchem Blicke Tränen,
doch nicht, was sie beschwor.

Aus manchen Türen wimmert
was du nicht rätst, nicht dir –
Ein Leib, ein Schatten schimmert
und spricht von Jetzt und Hier:

Nicht dir, nicht dir du scheinbar
ins Nie verflochtner Blick –,
dein Kuss bleibt unvereinbar
als reines Geisterstück.

Après
Dem Andenken Friedrich Nietzsches

Du hast oft später Lust nach Rosen,
nach einem Augenblick in Trance –
Da schellt die Stadt, dort stieben Glosen:
Sternschnuppe der verpassten Chance …

Die Kerze blendet allzu christlich,
im Glase gilbt Ersatz, Likör –,
du spürst die Beteigeuze westlich
den Blick belauern, Sternbild Stör …

Du gibst dir selber Urlaub jetzt,
in Friedrichs Arche dich zu retten –
Die Stirne blau, romanverwetzt,
soll sich auf «Ecce homo» betten.

Vergang

Die Blätter fielen stiller
als je in solcher Nacht –;
die Heimkehr nach dem Thriller
(die Blätter fielen stiller)
hat mich so müd gemacht.

Es roch nach Laub und Larven.
Entsinnst du dich –, damals,
als wir uns nachts bewarfen,
es roch nach Lehm und Larven,
auch kroch's dir in den Hals?

Entlang der langen Mauer
beim Neubau –, hinter Brettern
ein Kuss, ein Gassenhauer –,
dazu die nasse Mauer:
Und jetzt so still Entblättern …

Nun wirst du wo sein? Sieh,
es ist dieselbe Nacht!
Doch dass ich später nie –,
nun wirst du wo sein? Sieh,
ich hab an dich gedacht.

Vergang wird uns noch bleiben.
Vergang ist ein Geruch
nach heimatlosem Treiben –:
Erinnern, Träumen, Schreiben,
gepresstes Blatt im Buch.

Unter Brücken

Dunkler Ort, und der verhüllte
Dämon später Stadt –: Paris!
Tränen, Schatten – stumm erfüllte –
wie dir «Fleurs du Mal» verhiess ...

Dass die Seine zur Kathedrale
jener Pilgerscharen würde –
Unter Brücken, am Kanale
Totenpaarung, Nachtbegierde.

Abwärts alles –, Bild, Betrug
der von lichten Dingen handelt.
Schwarze Wasser, Flossenflug –,
Glanz und Grösse jäh verwandelt ...

Dunkler Ort, und schwächer schimmernd
Haare, Holmen, Steine –: strömt!
Tief in Tangglut Flotten zimmernd
und der Flucht ins Nichts gefrönt.

Augur

Es nahen schwarze Späher,
du weisst nicht wer, zu was –
Die Stunde rückt dir näher,
du zitterst mit dem Glas …

Umfing dich nicht der Flieder,
der von Terrassen hing?
Erkennst du denn nicht wieder,
was durch die Büsche ging?

«Es schaukelte ein Falter,
es glomm ein Gruss vom Stern,
das ganze goldene Alter
verschmolz mit deinem Kern.»

Du sahst wohl Büsche brennen,
nicht Gott, noch seine Spur –
Du wirst es nicht erkennen,
was durch dein Damals fuhr.

Es wird dich nie mehr lassen,
weil es dein Zeichen trug –
Und durch die späten Strassen
streicht nur ein Vogelzug.

Abschied

Das Winken von irgendeiner rasenden
Maschine und dann
dorrt das Gelände. Die Häuser
zerfallen zu Brocken siedenden
Kalkes und das Ende
schlägt seinen Giftzahn
zwischen Geleise.

«Nie die Zuflucht unter plaudernden
Blättern –; nie der Herzregen intimer
Glückskäfer –; und gar das Strahlengeflecht
auf dem Blumenkissen der Brüste –: Nie!»

O Ragusa! Die qualmende Schwefelstadt jetzt –
Das Südmeer in Petrol und alles
in Brand! Deine welken Sekunden,
nimm sie –, verschlinge
das helle Gift dieser Bisse, nachdem du
dich eingemummt
im Sarkophag des Vergessens …

Von letzten Dichtern
Max Rychner zugeeignet

I

Von letzten Dichtern die Kunde
sei hier in die City gesagt –
Es tönt ja kein Sieg keinem Munde
bevor es tagt …

Aber Glanz aus Rost und Ruinen
spiegelt sich trotzdem im Buch –,
Worte, die kamen und gingen,
und mancher Versuch …

Und viel Verwehtes und nie
beglückter ans Licht getragen,
als jene Luftfigur, die
nur wenige haben …

II

Was wenige haben,
wollschnaufig im Dunkel der Felle, oder
im Laub auch
das trockene Dämmer der Raupen,
die Landung von weither –, kniend
im Umkreis uralten Lidschlags –: Knien
vor den Bildern …
         Dies nur
hält endlich die Netzhaut ein wenig
in Atem, bricht
die Launen der Banalität auf seltsamem
Hintergrund: Teichen, mongolischem

Spiegelgras, sumpfigem Zubehör, Steppen,
Kirgisenschilf –, bis einmal
die Stunde schellt: Sturz
über Treppen, an Häusern im Flug und
am Wirbel vorbei ins Kino.
Oh, die Armut
der letzten Dichter!

III

Wer zwischen Trancen und Tram lebt
sucht Ankergründe abseits –,
im Wind der die Schwalben ans Haus klebt –,
und immer aus Worten ein Reiz …

Und immer von Worten die Balsas,
die tragenden Hölzer im Sinn –
Besteckaufnahme (man kann das):
direkt unterm Orion hin …

Die Nacht nicht der Clubs und der Kassen,
der städtischen Tandaradei –
Und immer noch einsamer lassen,
und immer, im Grunde – vorbei.

The big bell

Die feierlichen Themen sinken,
schlagen blau die Sanduhr voll –
Was wird aus uns? Aus einer Linken
hängt das Seil: The big bell tolls ...

«Der Strahl zu Staub, zu Strahl der Staub» –
Die Höhlenstadt in Mittelasien,
Umm und Ur und Weiberraub:
Vom Neubeginn zu den Aspasien.

Was tun wir nun? Ein Glück, ein Glas
zerbrach ganz unten auf den Fliesen.
Scherben sinken unters Gras –
dann Rauch aus Isabellenwiesen ...

Das Opfer raucht, die Meereswellen
schlagen blau die Sanduhr voll –
Was tun wir nun? Die Isabellen
brennen and the big bell tolls ...

Die Laterne war's nur ...

Februartag, und der Schnee fällt,
Wolken in Splitter und Scherben –,
tödliche Lust, wenn der Schnee fällt,
man denkt an ein heiteres Sterben.

Einmal noch lieben und schreiben
von allem, was lautlos versinkt –,
unter dem Dache hintreiben
als lächelnde Wehmut geschminkt.

So bald wird es Abend und dann
lockt dich die Schneemaid hinaus.
Sie spricht einen seltsamen Bann:
Du findest dich nicht mehr nach Haus.

Du folgst jener blitzenden Spur,
ergründest das Treibende nicht ...
ach, die Laterne war's nur –,
indes: welch ein Zauberlicht!

Die ganze Stadt voller Gärten!
Vielleicht ist es endlich geglückt?
Du findest dich über die Fährten,
den Traum zu entziffern, gebückt –

Intime Ausstellung
Bilder aus der City

I

Oh, sibyllinisch –: die Züge Verbannter
an moosigen Mauern –, Spiegelbilder
in den Scherben der Silvesternacht.
Schlingen schlucken aus Zinn
und dann die Tonkrüge
voll Aussatz –

Warst du nicht vorgestern –, standest
nicht du
im Kieselregen der Blicke, vor dem Bostoner
Schlachthaus,
mit dem Gedanken an jedes Bordell?

II

Es kreuzen die späten Schiffe
auf der Suche nach anderem Land –,
alle Küsten voll neuer Begriffe:
schon die Pranken der Welle im Sand …

Es sind diese Glücke aus Schatten,
die jetzt von den Dünen spähn –,
das grosse Zuviel, das sie hatten,
sehn sie nun untergehn …

Es sind keine Liebenden –, Fremde
rufen sich zu übers Meer.
Kein Zorn, keine Lust –, ihre Hände
bleiben für immer leer.

III

Sagst du Zauber, so hörst du
die Asche rieseln –, Vesuv
im Genick und die Überreste
der Sappho –: Glimmende Nacht,
Gefieder stieben und blass
um die Schenkel
verhangene Bisse, schwarze Maschen
ligurischer Netze und endlich,
aus Farn und Gestrüpp,
ein Morgen ...

Am Rinnstein springt an
der neue Nash (Schlafkabine)
und durch die Gosse schleift
Abraxas,
den falschen Pass in der Tasche,
die herrliche Vielfalt vor sich –
ein Gott am Zug.

IV

Blühen im Hirn –, uralt,
zu oft schon vertont –, doch wiederum
trieb blauer Veilchenast Lust
aus den Rachen –: Liebe – Liebe – nur hier
kleine Spreizung, Schlagen mit Lidern,
gewölbewarm
und die plötzliche Heimat ...

Pflücken von Blüten,
jede ein Du –: gleichschenklig, rechtwinklig,
lavastarr in der Grotte
und schliesst sich zu über härenem
Handwebteppich.

V

Noch einmal alles, als ob wir nicht wüssten.
Stieg Säule nicht, Flamme, verloren im Rauch?
Was flog nicht der Atem, als wir uns küssten –,
durch Mauern und Stäbe: befreites «Du auch»!

Nachher sinkt alles: Die Säulen, die Fluchten –,
das Wort in Gefahr, jedem Wurf ausgesetzt –
Im Lächeln verwehend was wir nur suchten,
und dann das «ich weiss, wer du bist» zuletzt.

Nachthirsch

Oh, auf den Flügeln des Rausches zur Nacht!
Schon rieselt es nieder
an alle Strände: Küsse
o Wolke, aus dir –, o wer fände
den flüchtigen Hirsch jetzt im Trab an die Quelle,
bei Dämmer und Troll
der Lieblinge Spur,
verwischt von den Luren
im Löss?
Ob ihn dein Lidschlag
der heftige, helle,
ob ihn dein Brandmal
«Frédérique charmeuse»
niederwirft vor des Herzalten Flur?
Und er kreist um die Quelle
dein Bild zu schlürfen,
röhrt durch die Gänge
dein Erz zu schürfen … verliert
und vergisst
und spürt im Geweih
nur den Schrei –

Berceuse

Liegt draussen Welt, die Reiher stelzen,
Symbol der Fülle –, Symbol der Lust –
Reichtumsdaten zwischen Quai und Pelzen,
auch schlägt die Sünde sich an die Brust.

Doch welche Zinnien sind schon angebräunt,
doch welche Stäbe rasseln zu –
Ein Rand von Wunden immer umgesäumt,
ein Rest von Rosenhoch –: auch du!

Du wirst nun schlafen, jenem Hoch verströmt,
du wirst nun tauchen nach dem Los,
das deine Augen mit der Welt versöhnt,
und deine Stirne tief in Moos …

Chanson

Entsinnst du dich –: An Spaniens Küste,
des Morgens Dünung drang ins Zelt –,
der Sonne Honig färbte deine Brüste
und dann erwachten wir zur Welt ...

Wir warfen Kiesel nach den Riffen,
balancierten mit dem Rohr,
rochen faulen Fisch und pfiffen
gegen neun Uhr Wind hervor –

Weisst du was noch? Welche Hunde
waren doch so sehr zu zweit –
Du lachst jetzt, aber jener Stunde
gaben *sie* erst Wirklichkeit.

Gelb des Mittags, Gastmahl, Späher,
Tanz im Bistro, billiges Verlieren –,
dein Wunsch nach Stille dann, um näher
die Falten der Romantik zu studieren?

War das in Zürich oder Alicante,
als so dein Herz den Kopf verlor?
«Die Kerze, die um Mitternacht verbrannte»:
kommt's dir nicht wieder spanisch vor?

Blick in die Nacht

Oh, seiner Stunden bewusst sein,
seiner Spanne von Trift zu Trift –,
ob nichts sich hebt, ob die Schrift
der Schatten nicht könnte Lust sein …

Wie trifft es von Felsen und Bergen
auf dich – oh, wie trifft es zu!
Du wartest der Speere, der Schergen –,
bereit zu gehen bist du.

Du denkst – nein, das wäre zu weit schon.
Du legst nur dein Ohr an die Wand –
Da wächst dir die Blüte vom Schlafmohn,
ein Blick in die Nacht in die Hand.

Lied

Lebwohl –, die Himmel schliessen sich.
Lebwohl, ich komme wieder –
Liebe lang und lege dich,
es kommen andre Lieder.

Die laue Nacht, die Primel springt,
Düfte tunken leise
tief in dich ihr Spiegelbild
vor die Tränenreuse …

Muränen schlüpfen traumhell nah.
Wem sind sie, welcher Trauer?
Darüber lehnt ein Segelpaar,
schlaf nun an weisser Mauer.

Ein Schauer, der dir nicht mehr gilt,
ganz jenseits schon, ganz zu –
Ein Schauer, der dem Grund entquillt
und steigt und steigt, bist du …

Möwe

I

Vor welchen Blicken lebst du,
die in Symbolen zieht –,
vor welche Gründe trägst du
was ohnehin entflieht?

Vielleicht, da Kurven schnellen,
treibt Uferwelle dich –,
vielleicht der Scylla Bellen
schreckt hoch ins Helle dich …

Wer glaubte dir – denn ohne
Verhängnis bist du nicht:
Fortwährend blitzt als Krone,
was immerfort zerbricht!

II

Die heile Flugbahn der Vernichtung,
jener Hauch von Jetzt zu Jetzt –
Wolkenströme – Trauerzelte,
blauumflorte, kalte Dichtung,
stets verletzt.

Günstling allen Zaubers, Kelte,
über Runenrund gebeugt –,
hast der Frauen, Muscheln, Blumen,
hast der Tropfen jäh zerspellte
Spur gezeugt.

Dein die Länder der Lagunen –
gar die Perle bringt sich dar!
Auch der Schlaf wird bald Figur,
träumt den Augenblick in Runen,
wunderbar –

Hoffnung nur, Verheissung nur
quirlt der Flügel Karussell –
Dann die Wunden, dann die Dichtung,
dass noch oft der Worte Spur
einmal hell:
Heile Flugbahn der Vernichtung!

III

Beglückende Parabel
und Rechnung ohne Sinn –
Wir selber sind die Fabel
von Sturz und Neubeginn.

Das Schwebende gelungen,
in Schwarz und Weiss gebannt –,
nun reden tausend Zungen,
doch wem denn zugesandt?

Zu wem? Oh, die Sekunde
hat uns abseits gestellt –
Dein Spiel entführt die Wunde
und wirft sie in die Welt.

Perle

Die Perle lebt – wir aber *müssen!*
Uns schlägt die Welle unters Kinn.
Wen immer Muscheln blutig rissen
sucht sich in Perlen einen Sinn ...

Auch die Stunden der Erinnerung
schwemmen manchmal eine Perle her –,
ein wenig blind schon in der Dämmerung
liebt man sie weniger – man liebt das Meer.

Man träumt Hibisken an die Wangen,
zieht dem Tram das Kanu vor,
treibt den Zauber mit den Schlangen,
den Sirenenton im Ohr ...

Zwei legen hin sich um zu sterben,
sanft, wie sich's der Lippe neigt –
Noch ein Geier, auf den Scherben
Bahia Blancas, schreit und schweigt.

Strom. Gedichte und Die roten Lieder aus der brandschwarzen Stadt (1951/1952)

Was die Wölfe frassen
Für Rudolf Scharpf, meinen letzten Freund!

Wälder gibt es, die versammeln des Nachts
sich um mein Bett.
«Als ich erwachte», sagt dazu ein Dichter,
«schrieb ich ein Sonett.»

Ich weiss, dass er lügt, was er sagt
von der waldigen Nacht –
Darum frassen die Wölfe heut früh
was er zu Papier gebracht.

Ich werde nicht sagen, was *ich* sah
nachts um mein Bett …
Wenn die Wölfe heulen im Wald
gibt's kein Sonett!

Der Dunkle
Für Salomé

Da kommt der Dunkle im Abend,
der den Stimmen im Flusse lauscht.
Ein Reiter, im Dunkel trabend,
der verlorene Küsse tauscht.

«Ich hab deine Stimme vergessen,
die ehmals zur Harfe entstieg
einer Kehle, von Süsse besessen,
einem Munde, der nichts mir verschwieg.

Ich warf in den Fluss dann die Harfe,
die Stimme, die sank so mit ihr –
Und später trieb tot eine Larve
von Tönen an Land, wie ein Tier.

Seither schlüpfen Fische die Saiten
entlang dass es rastlos klagt –
Bin froh, dass die Dunkelheiten
verhüllen was es mir sagt.»

Bin selber der Dunkle im Abend,
der die Stimmen belauscht am Fluss.
Jener Reiter, der, ruhelos trabend,
jene andere suchen muss …

Der Zigeuner

Oft bin ich im Wald, zwischen Stämmen die Nacht,
erfülle das Tal dann mit traurigen Schatten –
Die Mädchen sind traurig. Sie spielten und hatten
noch eben die Hände voll Perlen gelacht.

Nun sind sie verstummt. Ihre Handvoll zerbricht –,
die Nacht hat so plötzlich das Licht umgebracht.
Die Nacht ist so kalt. Nein, die Nacht bin ich nicht!
Ich hab aus dem Spiel ihnen Träume gemacht …

Weinstern

Still du –, es leuchten die Bilder,
ein Stern kommt zur Ruhe im Wein –
Zigeuner im Blut, du wilder,
nun spinnt dich das Schweigen ein.

Doch lass zuvor, Räuber, du wilder,
deine liebsten Gefangenen los –
Leg die verrufensten Bilder
mit mir in das kühlste Moos.

Ebenbild

Ich suchte, vor sich Nacht genaht,
nach meinem Ebenbild –
Mein letzter Schritt zum Abgrund trat
auf den zerbrochnen Schild.

Ich sucht auf edlem Trümmerstück
vergeblich nach dem Reim –
Und liess dann Schild und Nacht zurück …
Nun find ich nicht mehr heim.

Strom
Dr. W. Humm, Basel, herzlich

Wir sind doch alle schauerlich Verjagte.
Ob hier, ob dort erhellt das Rätsel nicht.
Was gestern noch zur Nacht aus Blüten tagte
hängt schief im Strom, der Ungeheures spricht.

Wo man des Abends auf die Wirbel schaut,
von Brücken dröhnt das Rollen des Verkehrs –
Ein Herz, das breit auf schwarze Trommeln haut,
und tags zuvor ein Fliesenbild Vermeers …

Was spricht der Strom, was stemmt an sieben Pfeilern
des Urworts Donnern gegen unser Riff?
Wir spüren es: Auf unsern Siebenzeilern
trägt er im Spiel uns mit –, papiernes Schiff.

Ein Parzenlied

In einem Sommer kann so viel geschehen,
dass alle Fahrten Hinrichtungen sind –
Nicht eher wird dein Segler heimzu drehen,
als bis du abergläubig pfeifst dem Wind.

Verbannt aus deiner Hütte schneekühl Glänzen,
ringst du am Atlas heiss um jeden Schritt –
Und wenn da Quelle wäre: In den Tänzen
der nackten Ehmalin tanztest du mit.

Und wenn da Hochzeit wäre: Aus den Glocken
schwängest du heimatlos, ein Klang aus Erz ...
Und dann, verstummend später in den Rocken
emsiger Parze dich zu bergen, Herz!

Ja, dieser Sommer kann so viel versprechen,
und dennoch spinnt die Parze blindlings dich –
Rückwärts verbannt – vor dir die Wellen brechen:
Hier hast du Wind! Find heim, oder zerbrich!

Das Wort
Für E. M. Dürrenberger

Kein Land liegt so wie deines drüben
beim Springquell, bei den Moosen –
So kann die Welt dich nicht betrüben,
tief in die Nacht noch: Rosen!

Dies Land, dem nie ein Hirte blies
die Flöte nachmittags –,
dies Land, das Orpheus nie verliess,
auch unter Schatten: Trag's!

Geh nie mehr fort, zeig deinem Schritt
die Grenzen dieses Landes.
Und wenn sie bitten, nimm uns mit:
Das Wort ist ja niemandes –

Regenbrandung

Nun rauscht es endlich! Fels und Wälder stürzen
ins nasse Glück, das schwillt im Wogenpralle.

Duft treibt an Stränden hoch nach Wolkenwürzen
und alles sinkt von fernher in die Falle

bereiten Herzens, die durch Regenräume,
als ein Fisch sich tummelnd aus Gefühl,

gefährdet und gefährlich zwischen Bäume,
Gebälk von Dörfern, meiner Lust entfiel …

Ryfenstein

Der Fels

Am Morgen hob aus Katakomben
ein steinern Herz sich.
Uralte gaben ihm das Geleit
bis über den Wald.

Am Abend erstarb es auf kühler Kruppe,
noch heiss von Sonne.
Sein letztes Zucken beschnupperten eifrig
Zigeunerhunde –

Die Ruine

Ich denk an die Krone eines Ahnen.
An Berenike auch, weissen Schleiers
über die Faltenwürfe der Flur ...

Doch Jahre stiegen im Saft der Platanen
und sanken wieder – heut nachmittag nur
vom Himmel die weiten Kreise des Geiers.

Dörfliche Motive

Der Berg hat einen roten Bart,
mit dem er morgens die Kinder schreckt.
– Denn mitten im Wald, mit Moos bedeckt,
sei nachts die Sonne aufgebahrt …

Ein Heimchen hüpft durch aufgehängtes Linnen.
Mal da, mal dort ein gläsernes Gespräch –
Doch dann, als ob das Netz aus Worten bräch,
pflückt eine derbe Hand vom Weiss der Zinnen.

Die Hand im Gras, den Kopf auf einem Kissen,
schläfst du zwischen Wagen und Gebälk –
Die Wolke blendet und so rosenwelk
wird dein Mund verwehte Streue küssen.

Ganz plötzlich, abends beim Kaffee,
schwingt leicht dein Herz sich übers Dach,
läuft querfeldein bis an den Bach –
Der Bauer meint, es wär ein Reh …

Spindellied

Es gibt ein Spiel
vom Blatt im Wind.
Wer weiss das Ziel?
Vielleicht ein Kind –

Es gibt ein Lied,
heisst: Du und ich –,
ein Rosenried,
ein Fieberstrich!

Es gibt den Strand
trostloser Tränen –
Kein Schiff an Land,
nur bittres Sehnen.

Es gibt ein Licht,
soll Gold sein, hold sein –
Man sieht es nicht,
muss Trunkenbold sein.

Es gibt ein Tor,
zur Nacht oft offen –
Was tritt hervor?
Nichts, als zu hoffen.

Damals

Die Blätter fielen stiller
als je in solcher Nacht.
Die Heimkehr nach dem Thriller,
die Blätter fielen stiller,
hat mich so müd gemacht.

Es roch nach Laub und Larven.
Entsinnst du dich –, damals,
als wir uns nachts bewarfen,
es roch nach Lehm und Larven,
auch kroch's dir in den Hals?

Entlang der langen Mauer
beim Neubau, hinter Brettern
ein Kuss, ein Gassenhauer –,
dazu die nasse Mauer
und jetzt so still Entblättern …

Nun wirst du wo sein? Sieh,
es ist dieselbe Nacht!
Doch dass ich später nie –
Nun wirst du wo sein? Sieh:
Ich hab an dich gedacht.

Damals wird uns noch bleiben.
Damals ist ein Geruch
nach heimatlosem Treiben –
Erinnern, Träumen, Schreiben,
gepresstes Blatt im Buch.

Winter

Die Fenster tragen den Schimmer
einer anderen Nacht –,
du weisst nicht, sind es nun Trümmer,
und wem denn dargebracht?

Es kommt überhaupt kein Zeichen,
es stapft auch keine Spur –
Wer wollte dich erreichen,
wer weiss denn deine Spur?

Du senkst an kalte Scheiben
die Stirne – denkst so weit –
vernimmst vielleicht das Treiben
mit Gläsern, Klirrn zu zweit …

Da friert aus Eis die Rune
am Glas und will dein Du:
Dein Atem wurde Blume,
du blühst dir selber zu.

Tee
Für K. F. Ertel

Denkst du an Leben
an jene Spirale aus Anmut
der Karyatide Rodins,
steigt schwerer der malmende Zug
kaukasischer Wälder –, und ohne
die spannend beglückende Frist
beim Abflug der Reiher
triebst du in Schlaf ...

Weit sind die Häfen wo kaum noch
Zerstörung gelb
aus den Flaggen fiel –, doch immer
am Grunde siehst du die fröhlichen
Finger den Blütenhals ...
                            das traurige
Echo der Augen und weisst –: Das
bin ich.

Du schwiegest fein

Ich möchte etwas ganz Einfaches sagen:
Das, was dein Herz vor dem Einschlafen trüge
und mit sich nähme ins rote Schlagen
und auch verstummte, wenn es nicht mehr schlüge,
und fragte mit dir – dieselben Fragen –
Das möchte ich sagen …

Das, was dein Herz vor dem Einschlafen hegt,
muss eine Blume sein, nie verblüht –
Was kann ich dafür, dass mich niemand trägt?
Bin ich so schwer, dass dein Herz mich flieht,
oder bin ich's, der im Herzen dir schlägt?
Das möchte ich fragen …

Ich möchte etwas ganz Einfaches sein:
Kreise ziehen als alter Aar,
oder sinken in einen See hinein –
Und dich dann fragen, wie es war.
Und du sagtest lächelnd – Nein:
Du schwiegest fein …

Dich –

Ich muss eine Welt erfinden
um ein wenig deine Gestalt
mit Feuern zu umzünden,
eh sie sich ins Dunkel krallt.

Ich fürchte, nicht zu genügen,
auch mit Mond und Stern.
Mit allen Wortgefügen
wärst du noch immer fern.

Ich muss dich einfach haben,
innig und ohne Wort –
Nehmen in Rosentagen:
Einmal. Für immer. Fort.

Debussys Clair de lune

Wo soll ich nur hingehen?
Rosen sind da, ein Flügel –
Alles andere atmet kaum.
Debussy mischt blau einen Traum ...

Wo soll ich nur hingehen? Gross
schreiten die Bäume am Hügel.

Und später, wo möchte ich sein?
Die Rosen sind schon gebrochen.
Kein Sommer mehr. Herbst und Regen.
Dann vom Fenster aus Blicke legen –

Und später, wo möchte ich sein? Kühl,
Wanderschaft lautloser Wochen.

Frei, ewig frei –

Wir zwei am Meer …
Dies Glück muss uns die Welt noch schenken!
Wir wollen Weite haben um uns her –,
nichts anderes denken.

Du –, ich liebe dich!
Zu diesem wollen wir die Welt noch zwingen.
Dass sie uns lasse von den Erdendingen
den Fieberstrich –

Du glühst –, ich glühe!
Welch ein Feuer fällt aus allen Himmeln!
Da –, die Stadt, drin Millionen wimmeln,
die Menschheitsfrühe!

O Stadt –, o Glück!
So wird der Mensch gemacht der Ewigkeit:
Frei, ewig frei gibt uns die Zeit zurück
der Seligkeit.

Die roten Lieder aus der brandschwarzen Stadt

Statt wie einst Troubadouren
    jeder Frau nur schwuren
      bei ihrer Lieb und Treue,
Leg ich dies Bändchen neue
    – ich fand's in Russ und Schnee –
    Verse dir zu Füssen,
            Salomé.

Prolog

Hier die roten Lieder
aus der brandschwarzen Stadt –
Reime nur nicht Flieder,
ich hab die Bürgerlichkeit satt!

Mit beblümten Pendulen
hinter mir her im Russ
weil das Stehkragenfühlen
doch ein End haben muss.

Was leuchten uns die Villen,
wir träumen auch wo's stinkt!
Und das mit dem «Volk der Tellen»,
überhaupt «Schiller», hinkt!

Wir brauchen eine Heimat,
aber dort, wo es uns gefällt –
überall, wo es Formulare hat,
glaub mir: da ist noch Welt!

Hier, die roten Lieder
aus der brandschwarzen Stadt –
Und ich sag's nicht mehr mit Flieder,
wenn es andre Blumen hat …

Zigeunerisch

Wir sollten uns doch endlich finden,
so nach neunundzwanzig Jahr –
Doch wenn man an die Liebe glaubt
wie sie vor zehn Jahren war,
fühlt man sich des Ruhms beraubt
und will keine Städte mehr gründen –

Genügt dir der Schlafsack, nachts unterm Baum,
so für jetzt und immer und immer –
Dann komm ruhig mit mir. Du vergisst
die Tapeten im Mädchenzimmer:
Sterne sind mehr als Druckermist
und wir sollten mehr sein als Traum!

Unter uns gesagt

Ich glaube, du würdest mich sterben lassen –
Die Welt will leben, das weisst du – und hassen
und lieben, so halbhoch, auf siebenunddreissigdrei.
Doch du: auf Thermometerbruch!!! Was ist denn dabei:
Ich glaube, du würdest mich sterben lassen.

Und ich mein, du hast recht. Wenn die Knöpfe blitzen
beim Strammstehn frühmorgens; die Marktweiber sitzen
vor Kraut und Salaten – was ist denn dabei –? –
und lieben, so halbhoch, auf siebenunddreissigdrei?
Ich mein, du hast recht: Es würd uns nichts nützen!

Ich denke, wir sollten uns weitermachen
bevor uns der Staat holt –, und lieben und lachen
genormt wird, so halbhoch, siebenunddreissigdrei
mit Kett und Soldaten ... Was wäre denn dabei?
Ich denke, wir sollten uns weitermachen –

Mona Lisa

Ich fing nichts heute beim Fischen.
Vielleicht war die Strömung zu stark –
Ich überlegte daher: Was auftischen
zum Abendbrot? Barschaft: 1 Mark!

Aber die wurde anschliessend konfisziert:
Ich hätt an verbotenem Ort gefischt!
Wohl deshalb haben die Hecht sich geniert
zu beissen. Indes: Was aufgetischt?

Eine uralte Frage: Methusalem drückte
bestimmt sich nachher, auch der Turm von Pisa
stand noch gerade. Was blieb mir: ich rückte
den leeren Tisch vor Leonardos Lisa –

An einen Clochard

Bestimmt ist es unter den Brücken
von Tränen nass –
auch Brotresten, oder sonst ein Übermass
von Entzücken.

Lass! Du kannst doch nicht wegsehn.
Und vom Himmel darüber
hast du das Dröhnen der Autos, der Schieber
kaltes Geschehn –

Trüber ist es bestimmt nicht unter den Brücken
als am Tische der Reichen.
Du hast ja die Tränen! Ich meine: auch Autozeichen
erdrücken.

Setzen etwa die Vögel dir Frist?
Machen Hunde dir Platz?
Für deine Freiheit gibt's keinen Ersatz!
Bleib wo du bist –

Memento I

Liest du die Sprüche an den Mauerwänden
mit Rötel, Kreide, meist von Kinderhänden,
auch von besoffenen Alten hingeschmiert –:
Dann denk des Weltgeists Lust die giert
nach jedem Funken Zeit, gedenk der Lenden
der Tiere, die den Fortbestand uns sichern.
Denk dann der Nacht der Menschen auch, ihr Kichern,
ihr Geifern nach bestimmtem Augenblicke –
Und dann des zugestandnen Schicklichern:
Der Tränen dieser heimlichtollen Glücke ...

Memento II

Einige malen mit Blut in der Nacht,
kerben die Wände der Seele –
Andere haben in Geld gemacht
und zählen nach, ob nichts fehle.

Diese werden zu Tode erschrecken
vor ihrem Sterben –
Jene haben nichts mehr zu entdecken,
werden sich in den vier Wänden strecken
nach neuen Kerben …

Mondlied

Ich lebe in einer Stadt aus Fabriken.
Das ist weiter nichts Neues. Man richtet sich ein.
Kaum, dass man noch wusste, jene Vögel sind Grasmücken,
als man sonntags im Wald war und dann wieder heim –

Auch der Mond hat, wenn sichtbar, meist etwas Süchtiges.
Musst den Blick von ihm wenden, sonst spinnt es dich ein –,
ferne Insel mit Strand und Kanu … aber nein:
Wer denkt sich solchen Blödsinn. Wir sind doch was
                                              Tüchtiges.

Nun, so lebe ich halt in der Stadt aus Fabriken,
und denk mir die Insel, wenn niemand dran denkt –
Schliesslich gibt's keine Steuer für heimliches Blicken,
und vom Mond kriegt man manches im Stillen geschenkt!

Besteckaufnahme

Auch wenn man nie anderes sagen müsst,
als was man für irgendwen irgendwo ist –
Man hätte die Welt nochmals zu erschaffen,
von A. X. G. bis zu Darwins Affen …

Hitze

Heut war ein Sommertag, dass rings der Asphalt kochte.
Die Arbeit auf den Schiffen wurde schwer –,
ja, selbst der Eisverkäufer, der die Sonn sonst mochte,
zog heimzu, mit dem Wagen vor sich her.

Der Rhein war anzusehn wie träges Blei.
Am Ufer stiegen Pappeln, still und staubig.
Kinder schliefen und ein Fräulein ging vorbei
und ab den Hängen roch's so sonnentraubig –

Zöllner

Die Nacht stand einst am Zoll und wollte ins Land.
Der Zöllner dachte, aha, die streut mir wohl ins Auge
                                                    Sand …
und band sich schwarz ein Tüchlein vors Gesicht.
So schmuggelte die Nacht den Mond, ihr Licht.

Nach Mitternacht

Die Luft ist voll seltsamer Lieder.
Aber nur blindlings hören wir sie
eine Stunde nach Mitternacht –

Zum Beispiel die Stimme des grossen Fliegers;
und die zu Hause blieb, während er ging,
welche schrie und meinte, er kehre nicht wieder;
dieweil er am Lächeln der Stewardess hing –

Aber denk dir nichts weiter dabei,
das Leben ist unentwirrbar!
Und selbst das Lied, das endet im Schrei,
ist manchmal nicht wahr.

Wenn es nicht Morgen würde

Ich denke oft, wenn es nicht Morgen würde
und diese Nacht vorhielte bis ans End –,
ich nähm sie gern in Kauf, samt Niggerband
und schwarzer Ladies Eckensteherwürde.

Ich tät mir Wald erfinden, recht viel Wald,
und ging darin herum die ganze Nacht –
Ich würd ein Rehlein suchen sacht, ganz sacht ...
Ihr lacht – aber das mit dem Wald – wird bald.

Und wenn ich's dann gefunden hätt im Dickicht,
würd ich es küssen hinter all den Stämmen –
Und winters würd ich Stück für Stück den Wald verbrennen.
Du weintest und ich wischte Tränen – nicht?

Ich geh unter lauter Schatten

Was ist denn das für eine Zeit –
Die Wälder sind voll von Traumgetier.
Wenn ich nur wüsste, wer immer so schreit.
Weiss nicht einmal, ob es regnet oder schneit,
ob du erfrierst auf dem Weg zu mir –

Die Wälder sind voll von Traumgetier,
ich geh unter lauter Schatten –
Es sind Netze gespannt von dir zu mir,
und was sich drin fängt, ist nicht von hier,
ist, was wir längst vergessen hatten.

Wenn ich nur wüsste, wer immer so schreit?
Ich sucht ihm ein wenig zu geben
von jenem stillen Trunk zu zweit,
voll Taumel und voll von Seligkeit
würd ich den Becher ihm heben –

Weiss nicht einmal, ob es schneit oder regnet …
Sah die Sterne nicht mehr, seit ich dich verliess;
kenn den Weg nicht mehr, den du mir gesegnet,
und zweifle sogar, ob du mir begegnet –
Wer war denn das, der mich gehen hiess?

Aber, du findest doch her zu mir –?
Sieh, es wird Zeit, dass ich ende.
Die Wälder sind voll von Traumgetier
und ich darunter, bin nicht von hier …
Ich gäb alles, wenn ich dich fände!

Zwielicht

Hörtest du mich nicht dort,
wo ich jüngst dich rief?
Es war ein seltsamer Ort –
Ich glaube, ich schlief.

Bist du denn schon tot?
Und hast nicht mir gesagt,
von wem du bedroht
und was in dir gefragt?

Nein du! Du musst leben,
viele Tage noch – hör:
Wem sollte ich denn geben,
wenn ich dich verlör?

Ich weiss zwar, wir träfen
uns dann anderswo –
Ach, deine weissen Schläfen
erschreckten mich so.

Hörst du mich denn dort nicht,
wo ich jüngst dich rief …
War es denn nicht dein Gesicht,
das ich küsste, als ich schlief?

Träumerei

Manchmal zwischen den stillen Dächern
vergehen die Augen leise im Licht –
Ich denk nicht mehr nach, denn ich bin es nicht;
ich falle als Wind aus zierlichen Fächern.

Auch die mich noch wollen,
wie weit wären die –
Ach, Augen, hätt ich euch schliessen sollen
vor so viel Melodie?

Aber ich bin es nicht und ich suche auch nichts.
Nur im Wind sind so lose Laute –
Vielleicht bin ich Züge des lieben Gesichts,
vielleicht auch das Unvertraute …

Kam je ein Strom einmal zurück

Was soll ich am Ufer noch warten?
Der Strom geht ganz allein.
Wohl denk ich noch an die Zeit zu zwein
und spür die Blüten wieder schnein –
Aber, es sank ja der Garten.

Kam je ein Strom einmal zurück?
Es müssten Sterne in ihn fallen –
Oh, die Stunde zitterte in allen
und die Herzen würden überwallen
und der Strom überschwemmte vor Glück!

Erde und Himmel

Ich stehe am Ufer und male
Zeichen in den Sand.

Grauer, grauer Sand …

Ich tauche den Finger in des Blutes Schale
und ziehe die Zeichen lebendig nach –

Mein Herz liegt brach.

Ich sehe zum Himmel und schreibe
Verse mit fliegenden Wolken.

Weisse, weisse Wolken …

Aber wie sehr ich den Blick auch treibe,
ich komme mir selbst nicht mehr nach –

Mein Herz zerbrach.

Ohne Worte

Dies ist die letzte Stunde. Oh, Glück!
Ich kann nicht erzählen wie es ist,
mir fehlen endlich die Worte. Sag du's …

«Ich bin im Wald, muss nie mehr zurück
und spüre, wie mich die Welt vergisst –
Aber Worte –? – Ich seh nur noch Kronen –»

Ja – wir werden an den Quellen wohnen.

Ungesammelte Gedichte

Veröffentlichte Gedichte zu Lebzeiten (1949–1952)

Dem Städter

Was würden wir spürbarer uns begegnen,
wenn wir am Kommenden unsriges fühlten –
wie träfen wir Segen und würden segnen,
wenn wir uns an das Leisere hielten –

Ist schon die erste Berührung Betrug,
mit ersten Worten gelogen, und wie –
Ist es denn dir – und dir – nicht genug,
dass ihr nicht schweigt und verschiebt, auf nie.

Oh, zeigt was ihr seid aneinander! Schweigt
mit den täglich drängenden Worten euch an,
wo doch kaum eine Deutung den andern zeigt.

Seid weitherum im Eignen allein.
Kein Innres betrete den offenen Tag,
als was ihr versucht für euch zu sein.

Kleines Lied

Ich Erde, goldene, bin
dein Sinn.
Ich bin in jedem Winde drin
und über deine Weiten hin

was hab ich gelacht –
Ich bin in Wolken aufgewacht.
Strahlhergebracht
von vielen Sonnen ausgedacht,

war ich der Regen deiner Nacht,
eh ich gewusst was war.
In deinen Stürmen spür ich klar

mein Haar,
in Wäldern unberechenbar,
wiederum ergrünen.

Der letzte Aufbruch

Wenn der Sturm kommt wirst du wandern
vorüber an allem was war.
Und dir und allen andern
flattert der Wind im Haar –

Nie wirst du wissen woher
der letzte Gruss dich traf,
wie ein Traum vom Meer
trat er aus deinem Schlaf –

Nur der Sturm blieb zurück,
der Fremde, Treibende.
Und dem geringsten Glück
fehlt nun der Bleibende –

Nimm deine Sinne zusammen
jedes Feuer erlischt
und deine bebendsten Flammen
sind zu Hause verwischt –

Hinter dir türmt das Nichts
deine Vergangenheit.
Zweifelnden Gesichts
spürst du die Ewigkeit –

Aufblick

Auf einmal kannst du glauben
und sichtest ein näheres Ziel,
vom Fluge heiliger Tauben
weissagend im Herz ein Gefühl.

Du gibst ihnen frühe Grüsse
mit sonnigen Sinnen mit,
und vor gemeinsamer Süsse
ist alles vergessen, was litt.

Aber die Stund wird sich neigen,
und bis zum nächsten Gruss
stehst du wieder im Schweigen,
träumender Ikarus –

Sonett aus einer kleinen Sitzenden Hermann Hallers

Wenn die Göttin aus Glanz aus der Sonne käme
und Erde würde und wohnte bei uns,
wie müsste sie Frau sein und wie vernähme
verzaubert das Land den Laut ihres Munds –

Und einer von uns verspürte die Hände
erwachsen zu weithin gelingendem Tun,
und wäre wie Anfang und würde wie Ende
und mitten im Himmel des Herzens ruhn,

indem er sie träfe. Wie hätte er recht
verklärt sie zu meinen als erdige Frau,
die Hände gekreuzt am verwandten Geschlecht –

Ich sah dieses Göttliche. Unübertroffen
verriet sie die Herkunft: Gross und genau
standen die Sinne der Erde offen –

Nacht

Herz in Geissblatt und Ranunkel
zwischen Meer und Sternenkies
duffer Trauben dumpfes Dunkel
wider das die Kelter stiess –

Wirbelwinde Turm und Trieb
grenzenlose Gegenwart
und ein Name welcher blieb
und ein Lied auf roter Fahrt.

Palmen Zelte Traum und Thron
sind im rauschendreifen Fest.
Ich die Liebe du die Kron
eh der Tag uns ganz verlässt.

Vor uns Himmel nach uns Welt
und die wechselnden Gezeiten
jenem Gott anheim gestellt
der erhört seit Ewigkeiten –

Robert Louis Stevenson

In Sturmnächten

Immer, wenn Mond und Sterne versteckt,
wenn immer der Windesschrei
die sturmverdunkelte Nacht beleckt,
rast einer reitend vorbei.
Spät, die Feuer erloschen längst,
hört man noch immer den fliehenden Hengst.

Wenn die Bäume im Winde schreien
und die Schiffe sich bäumen im Meer,
entlang an den Pappelreihen
stürmt er die Landstrasse her;
braust vorüber – verklingt – und dann
jagt der Galopp von neuem heran.

(Übersetzung: Alexander Xaver Gwerder)

Der Schrei

Als Abend dampft ein roter Stier
mit blutigem Rauch aus den Nüstern
Geheimnisse nagendes Nachtgetier
an schwarzen Gedanken im Düstern –

Mein Wald ist erloschen. Die Stämme stehn quer
und wie Meer schlägt der Wind hinein.
Gebete verbrennen. Der Himmel hängt leer
und die Glocken sind alle aus Stein.

Verrufen die Türme! Gespaltene Lippen
verstummen in eisiger Angst.
Die Fenster sterben. Verpestete Sippen
von Ängsten wohin du auch langst.

Die Stunde hat jedes Leben erhalten
und schmeisst es in klaffende Klüfte.
Das Herz wird vom Schwindel gepackt im Erkalten
und graut wie ein Schrei durch die Lüfte.

Die Stimme

Hände, die Reinheit gediegen
gegen die Sturmstille schwingen,
Wälder, welche verschwiegen
Wolkengebirge bezwingen –

Spannend im Kronraum der Küsse
Wünsche und Überflüsse.

Fällt ein Stern die Kaskade
glühend zum Nackten hinab:
Venus im Flammenbade
zückt ihren Zauberstab –

Und die Gefühle sind Tanz
flackernd im Nachtschattenkranz.

Reiche von alten Schauern
tasten der Zukunft entlang
Schreie an Klagemauern
schreien den Untergang –

Alles ist Herz und beklommen
innen zu Worte gekommen.

Mandarinen-Mittag

Pagodenturm vor Himmelblau,
besonnter Berg mit tausend Stufen.
Kaskaden duften roten Tau
und rote Blumen rufen:
Oh, Mandarin ...

Schlafergraut die Specksteinhunde
schattend unter Brückenbögen,
Geister fliegen durch die Stunde,
wie Vögel, gläsern flögen ...

Spiele, Zauberflöte, spiele,
denn der Mittag ist so still
und im Schweigen schwimmen viele
Augen aus Beryll ...

Wind, der in den Weiher floh,
hat sein Wehn verfangen drin.
Seiden streift dein Kimono
über Kiesel hin ...
Oh, Mandarin!

Verse für Rheila

Wohin nachts? Zu dir fliege nächtlich
dem Rasen entlang deiner Zärtlichkeit
ich. Lande
im Duft der Oase –, weiss nicht
wo ich bin, denn der Mond trinkt
vom Samt deiner Augen.

Es landet auch spät der Küsse
klingende Karawane hier,
lagert
um den Brunnen deines Mundes.

Niemand weiss davon.

Denn ich bin die Karawane
nächtlich
entlang deiner Zärtlichkeit.

*

Sieh auch das Mohnfeld,
die heisse Savanne des Vergessens!
Spürst du die Stoppeln schon? Trage leicht
unser beider Gewicht, wimpernumsäumt
zum anderen Ufer
Tigerfähre –

Dort steigt des Regenlichts
siebenährige Sonne. Einmal im Augenblick,
einmal nur

schält sich die Blüte
im Wirbelsturm ...
Komm in den Strom!

*

Nun brechen die Schatten
am Fusse des Aquamarin sich – lauter
flüchten im Dschungelbrand deiner Zunge
Gazellen –
        Zu Mittag
steht unsere Hütte in Flammen.

Wir wollen,
vor naher Nacht noch,
die Asche verstreuen im Wind ...

Lebwohl –

Nachgelassene Gedichte

Gedichte (1943–1949)

In der gläsernen Stille

Weisse Schleier verhüllen den See,
kein Ende ist abzusehn.
Nur tönende Kälte fällt herein,
und im Bach klirrt Eis an Stein.

Ein toter Tropfen wächst herab,
vor eines Frühlings Höhlengrab.
In schaurig spitzer Schöne
bricht er eisig das Getöne.

Wozu ring ich mit diesen Weiten?
Von wem kommt mir der Wille
für dieses Meer der Einsamkeiten,
in der grossen gläsernen Stille?

Nachtschnellzug

Lichter flitzen
jagen vorbei
durch alle Ritzen
quillt der Schrei:
Schienen, Damm, vorbei –

Stangenwald
und Brückenbogen
fliehend bald
bald hergezogen
wechselnd einerlei:
Schienen, Damm, vorbei –

Büsche wallen
krummgezerrt
Blätter fallen
kaum gewehrt
Weg entzwei:
Schienen, Damm, vorbei –

Südliches Bergtal

Zackig fangen ferne Bäume
weisse Wolken ein,
die aufgelöst im warmen Winde
wie Träume
um die Gipfel kreisen ...

Und grosse Vögel schwingen mit leisen
Schlägen über die Hügel,
an denen alle Früchte gelber
und alle Blumen schwer wie Flügel
an der Sonne brennen ...

Und an den Hängen ziehen Wege
wie helle Schnüre.
Und an den Wegen wartet Baum
um Baum, ob sich der Saum
des Schattens mit dem Weg berühre –

Und wechselweis mit dem Gehege
wie Freunde, die sich lange kennen,
tauschen sie Licht und Dunkel ...

Auch manchmal schreiten Menschen
mit gesenkten Köpfen an allem vorbei
und sehen nichts und sind nur müde ...

Vielleicht sind auch noch Pferde dabei –

Links glänzt ein Stein.
Bald ist es Abend.
Fern
im Dorfe bellt ein Rüde.

Dann zögerndes Gefunkel
vom ersten Stern ...
Und betend
bin ich allein.

Chinesischer Garten

Wenn grosser Mond ist und
die sieben weissen, steilen Bogen
der Brücke, die sein Licht versenkt
um unten auch zu sein, hinüberweisen

Dann geh –

Du fürchtest dich wohl vor dem Hund?
Er ist ja nur aus gelbem Stein,
und der Schatten weicht sehr langsam
von seiner Wölbung –

Glaube nicht, es sei gelogen,
wenn du Töne schwingen hörst!
Es ist der Wind, der blind im Dunkel
streift das junge Flötenholz;
das einmal sich im Jahr verschenkt
an ihn und an die Nacht –

So edel stand es zwar noch nie,
wie um die kleine Platte dort.
Und auch die seltsam schweren Weisen
klangen niemals noch so rein –
Sei ganz still, dass du nicht störst –
Du weisst ja nicht, ob es erwacht,
denn es liebt den hellen Schein.

Verträumte Tage

Es gibt Tage, die ein Leben dauern
und ausgereiht sind aus der Zeit,
die sich verbreiten hinter Mauern
von längst Vergessnem und befreit
und wie des Unerfüllten Spiegel
im Strahlen ihrer Stadt vergehn –

Sie sind dann plötzlich Schattenblau
und leuchten Falten in Gewändern
einer lächelnden jungen Frau.
Sie glitzern zitternd auf den Rändern
der goldnen Ringe, die die Siegel
von Sonnen halten im Vorübergehn –

Sie tragen Flüstern kühler Gänge,
wenn sie darüberstreifend kaum
den gelben Mond im Ohrgehänge
bewegen, dass er durch den Saum
der braunen Haare, wie ein Traum
und blitzend, auftut seine Länge –

Der Abend zeigt sie voll erblüht
auf Wassern, als ein Himmelsstreifen,
der in den Becken rund verglüht
zu röteren und dunklen Reifen.
Doch dass wir langsam sie begreifen
ist nicht absehbar und verfrüht —

Im Regen

Tropfen rieseln durch die Rinnen
irgendeiner Strasse. Kaum
verhaltene Geräusche drängen
sich aus den Gärten und
verbergen jedes heimliche Beginnen.
Und das Verschwiegenste: der Baum,
reiht sich an zu dunklen Gängen,
in denen unscheinbare Tritte
wachsen und nie mehr verklingen,
bis vielleicht ein herrenloser Hund
mit kurzem Bellen sie verschluckt.
In solch gewundenen Alleen legen
Büsche sich zu schwarzer Mitte,
die sonst auch vor den ganz Geringen
sich klein ergeben, fast geduckt –
Und recken so, mit fragenden
Begehren, in den aufgetanen Regen.
Und viele Strassen sind dann plötzlich alt
und spiegeln Dinge im Asphalt,
die ängstlich sie bei Tag verschweigen –

Nächtliche Wandlung

Erfüllt ein Geheiss
von Toten sich mir?
Sieh, so bin ich leicht,
dass schon mein Wort

an die Sterne reicht,
und nichts mehr von wir
und von Städten weiss –
Und die Stille der Welt

in der klaren Kühle,
sieht sich spiegelnd
in meinem Wort,

das leise versiegelnd
im Sterngefühle
den Glanz anhält.

Der Wolken rote Dämmerherde
scheint über alle Abenderde.

Jedes Tor vor jedem Haus
weist mit lässiger Gebärde
ins nächtigende Land hinaus –

Alle Wege sind im Traum
und spüren sich im Kreuzen kaum.

Wen der Wind im Wandern traf?
Keiner weiss es. Nur am Baum
bricht ein zarter Zweig im Schlaf —

Der Dichter singt I

Gib mir das Abseits wieder,
den Flug –
Mein Herz hat von den Städten
genug.

Hörst du mich singen im Traum
des Nachts?
Ich finde mein Fühlen nicht mehr.
Wo wacht's?

Die Strassen im Dämmer sind kalt
wie Schnee –
Kein Möwenschrei, kein Wind
vom See –

Nur tausend Autolichter
so grell
und herrenloser Hunde
Gebell.

Die leisen Leben sind
in Not
Rings um sie
Motorentod –

Es ist wohl schwer, auf den Adel
zu warten,
wenn nichts einem zustimmt, kein Wesen
kein Garten.

Und doch sind wir da, um es tragen
zu müssen,
denn wer sonst aus allen sollt es
einst wissen:

Dass heute auch Frauen waren
und Träume
Und dass auch wir Winde kannten
um Bäume –

Dass Gott an Frühlingstagen
im Land
nach Menschen suchte und uns
auch fand.

Gib mir nur deshalb noch Kraft
für jetzt,
dass ich dann singe, wenn's schweigt –
zuletzt –

Der Dichter singt II

Die Stunde, die das Licht verdrängt,
ist atemraubend irr und leer –
Die Wesen taumeln in ihr her
und viele wähnen sich im Meer
und ein Genügen hat die Sicht verhängt
und Insel ist noch das Gewehr.

Das Grauen sammelt in den Städten
alle, welche schwankend stehn,
um sie vor sich herzuwehn
und hinter ihnen herzugehn
und ungestört und ungesehn
des Nachts sie zu zertreten.

HERR – *die* Stunde lass mich überdauern,
dass einmal später meine Lieder
leben und so hin und wieder
einen stillen und erschauern –

Wir Heimatlosen irren immer,
da uns alles zum Irrtum wird –
Das Blut, wie Gestirne, kreiset um Nichts.
Und doch hat dies Nichts eine Mitte.

Wo ist denn Heimat? In dir? In mir?
Wir tasten und taumeln und stürzen im Sturm
und erfüllen, wie Vögel im Schnee,
seltsames Schicksal: Heimat die stirbt.

Vergeblicher Sommer, wir fluchen dir nicht,
denn du sangest das Sterben uns vor.
Dein Wille geschehe: das ist das Wort.
Und die Tat – die Tat ist der Tod –.

Waldherbst

Durch schleierfeuchten Dunstrauch
schreien Krähen,
als ob sie neben jedem Strauch
den Winter sähen.

Ein Baum tritt dunkel aus dem Nebel
wie ein Tier.
Ein kranker Ast hängt wie ein Säbel
über mir.

Wie Steine klirren meine Schritte
am Strassenrand.
Es ist im Wald, wie in der Mitte
einer Hand –

Ich im Jahr

Ich weiss, diesem Frühling klang nie ein Lied,
die Reiser verschlossen sich stumm.
Ich ging mit lauter Verschlossenem um
und sprach ohne Unterschied –

Und als die wärmeren Winde kamen
und die Zeit in Wolken stand,
im sagbaren Grün des Sommers fand
ich auch keine grösseren Namen –

Nun ist es Herbst und Frucht im Land
und Farben sind die Welt.
Ich aber bin Abseits gestellt –

Und einer weither winkenden Hand,
sie ist wie von mir ein Stück,
wink ich winterlich müde zurück –

Diese Bäume, so ganz Kontur
dem schweren, schwarzen Unsagbaren,
in das der Stern sank, als er fuhr –
Und dann die weichen, wachen, klaren

Hügel und der Häuser Scheinen,
das in die Nacht verfliesst, wie Wein
mich trunken macht: schwankendes Meinen
verbreitend. Wunderliches Sein,

das nur Bestand hat in den Hirnen,
die dämmerwund die Wege gehn,
ob denen du wehst; wie auf Meer,

dem dann die späten, stummen Stirnen
als Segel ziehn, von deinem Wehn
verweht, vertieft und ungefähr –

Doch du selber, du selber fehlst.
Und wo und wann soll ich dich fassen?
Alles, was du erfasst, will dich lassen,
weil du dich keinem ganz erzählst.

Manchmal im Sturme greifst du zu,
dass man dich zu halten vermeint –
In der Nähe aber, was weint,
ist erst der Baum und noch nicht du.

Wenn ich ein Land wär, oder ein Wald,
wie würd ich dich stellen und Fallen um Fallen
bereiten und lauern und lauschen und bald –

Doch du bist riesig und ich nur einer:
ein Ton, wenn tausend Töne hallen,
um dich zu sagen – und mich – keiner.

Januar

Die Kälte schlägt ans Stundenglas
mit hartgefrornen Tränen.
Du fühlst, und weisst doch nicht nach was,
dass du dich solltest sehnen –

So träumst du eben vor dich hin
unter Strassenlichtern.
Ein Sommer kommt dir in den Sinn
mit bräunlichen Gesichtern –

Aber keines kannst du kennen,
die weissen Wolken nicht einmal
sind vom weissen Schnee zu trennen.

Für jeden Schritt machst du zwei Schritte.
Du bist, der Wind zieht durch den Schal,
im stillen Eis die laute Mitte –

Plötzlich ergreift dich ein grosser Glanz
aus Farben und Formenspiel.
Du ahnst die Stärke eines Lands
und weisst von den Winden viel –

Du bist in allen Dingen drin
und hebst die Welt ins Leben.
Jedes Tun sagt dir: Ich bin –
und vor mir hat's nichts gegeben.

Über der Sinne weitem Schweigen
spürst du wie deine Hände steigen
in unzugänglichen Gärten –

Und wenn du vor lauter Staunen nicht weisst,
was dich in fremden Ringen umkreist:
Du bist auf göttlichen Fährten!

Wenn dich aus dunklen Tiefen
Sehnsucht nach Sünde trifft,
im Boot wo Tote schliefen
bist du noch immer verschifft

Gebunden an Sinnengründe
die dir dein Sein bestreiten.
Es gibt weder Tote noch Sünde
nur Leben mit vielen Seiten.

Den neuen Dingen gib
Raum in dir und lieb
was immer dich schrecken mag:

Kennst du den Morgen auch nicht
lasse dein ganzes Gewicht
ruhig dem kommenden Tag –

Aber immer wirst du wieder stürzen
ob lang oder kurz –
Tausende sinnen dir Schönheit zu kürzen
mit deinem Sturz.

Nie kannst du in dauernde Himmel dich heben
ob Schein oder Glanz –
Das schändliche weiterum schattige Leben
gilt dir ganz.

Was nützt dir rings Stille, du weisst, was dir droht:
Lauschend und lauernd
ist es der Tod.

Es bleibt dir nur *eines:* Abseits zu schauen
um niemanden trauernd
dir zu vertrauen –

Apfelzweig

Herbstlied der Erde
hängend im Raum,
verliebte Gebärde
aus Blättern und Baum:

Kinder des Mühns
aus gesammeltem Grund
wurden des Blühns
Sprache und Mund.

Von Lichtern als Tanz
willkommen geheissen
verstrahlst du dich ganz
vor den Wolken, den weissen –

Noch abends, wenn leise
die Stille dich füllt,
träumst du die Weise
in Dämmer gehüllt.

Meine Nächte

Ich liebe die hellen Nächte,
die Nächte aus blauem Glas,
die monderschimmerten Prächte
von Häusern, Strassen und Gras –

Geheimnis spielt im Strauch
mit Tieren vieler Sagen;
aus ungewissem Rauch
wächst der Bäume Ragen –

Wolkene Vögel gleiten
stillschwer übers Land –
Himmel auf allen Seiten,
sternvoll bis zum Rand.

April

Wehende Wolken wandern und baun
in wenig werbenden Augenblicken
durch neue Gebirge ein neueres Schaun
in die näher blauenden Himmelslücken.

Das Land trifft sich in Übergängen
die sich verwerfen von Mal zu Mal –
Vom ersten grünen Zusammenhängen
ist es noch weit bis zum vollen Strahl.

Der Wald wirft ungewohnte Schatten
über den viel zu lärmigen Bach.
Und am Waldrand und in den Matten
werden die kleinen Blumen wach –

Die Winde bringen tausendhändig
in alle Fernen, die wie sie
die Möglichkeiten unvollständig
spiegeln, ihre Melodie –

Sommerregen

Sommerregen – Oh, Grau im Grün
mit dem man Wiese und Wald vergisst:
Heimatlos irrt alles lichte Bemühn
um jedweden Glanz, der doch keiner ist.

Vergehn ohne Mass in den Niederungen,
Abgründe, plötzlich von Unheil entstellt –
Das Land ist in lauernde Stücke zersprungen
während der Himmel noch immer zerfällt.

Wie wird es rauschen in meinen Schlaf,
auf das traumergangene Moor –
Nie werd ich wissen, was ich dort traf,
denn Morgen, der trübe Tag, steht davor.

Schon fast vergessene Frau – Fürstin!
Wie stehst du im Rauschen des Blutes auf.
Vors geöffnete Herz, da stellst du ihn hin:
Warum beschwörst du den Fremden herauf?

Wie nah ist der Mord, die Wiederkehr
fürs leichtere Totsein schwebenden Rauschs –
Oh, fühle das Hiersein, fühle das Meer
und wäge die seltsame Schwere des Tauschs.

Zerbrich unentrinnbar gefüllter Entschluss,
die Fesseln aus Übereinkunft, zerbrich!
Wohin denn? Und glüht's wie ein glühender Fluss

und tragen Tausende stöhnend daran:
Die Schwäche ist stärker. Töte, erstich
den Widersacher, der dich ersann.

Anders als einsam geht es nicht
durch die Geltung gemeinsamer Stunde:
Täuschung nur ist das andre Gesicht
vor des Künftigen Kunde –

Kehr vom Munde in die Landschaft
wie von Trümmern zu Traum –
Fühle die nährende Verwandtschaft
zwischen dir und dem Baum.

Abendfluss und Blätterflüge
waren nie gelogen –
Sei es, dass du schweigen wirst

wie wenn das Land dich trüge,
dass du sein Gesetz verspürst
im eigenen Gefüge.

Genug zu wissen, dass Schein besteht –
Getrost, Bestand ist ein anderes Dauern,
als jenes, das zufälligen Zeiten entsteht
und ohne Gott ist in dinglichen Mauern.

Bestand ist anders, als Zeiten meinen,
anders, als Tempel entlegener Hügel
mühsam Jahrtausend zu beweisen scheinen.
Bestand ist Aufbruch vieler Flügel –

Aufflug, grenzenlos, nach innen –
Durch die Dürren Denkens hin
im Sinnenbrand, zerfetzt von Sinnen,

untertan, erblindet ganz –
Aus Wüstendunkel wächst der Sinn
des neuen, fühlendern Verstands.

Zweifel

Mir ist das Warten auferlegt,
bleibt nur die Zeit, das Gedulden –
Kenn ich die Kräfte die unbewegt
meine Stürme verschulden?

Lieb ich gleich mir die Treibenden
sind wir nicht Jenseits schon?
Frag ich die Runen des Bleibenden
wieder ist's toter Ton.

Orpheus, geglaubter, im Wolkenjoch
du bist den Göttern voran,
sag uns als erster der Gnadlosen doch
wer die Gnade ersann –

Kreuzzug des Nichts! Aus eigenen Trümmern
wird nie der Widerstand.
Wissen es stirbt, im müden Schimmern
welchen Mondes, mein Land –

Zwei Gesänge gegen die Masse

I

Oh, ihr lästigen Leben
ihr des Lebens Lästige,
durch die ängstlichen Strassen Getriebene,
Sonnenlose –
Wo ist die Zeit, die euch fruchtbar war?
Und die schon, als Keim um Keim an ihr frass,
euch ausspie in grenzenloser Verwirrung –
Ausspie in ihren eigenen Tod, sie,
die nicht *einen* ganz gebar
ausser den Tod, den ihren,
mit dem sie euch meinte.
Was frag ich! Ist's nicht schon genug,
dass es Erscheinung wie euch *gibt,*
dass es Kräfte gibt, die euch nennen,
lichtlose, abfallgeborene Kennzeichen
gelästerter Macht?
Denn nicht seid ihr anders,
auch wenn eure Herkunft,
(Blutschuld aus Ewigem her,
hohnlachender Zwielichter Paarung
mit noch nicht menschgewordenen Tieren)
offenbar wird –

Alles an euch verhaftete Werk ist Verneinung
und das tägliche Tun, euer Tatsächlichstes,
wird zur mechanischen Täuschung.
Und wenn ihr hingeht und einen zum Helden macht,
bricht ein neues Stück eurer tödlichen Krankheit auf;
und euer Genie treibt in schamloser Übertreibung

Inzucht mit zerstörender Gewalt.
Ihr schwelgt in Geschwindigkeiten
und der zunehmenden Zahlen Wildnisse
sind euch Versteck und Vermauerung
ohnehin spärlicher Sinne – Denn
liegen Wald, Land, Wolken und Meer
nicht wie nackte Distanzen vor euch –
Skelette – geschändete –
in ihrer besten Bedeutung: unabwendbar?
Wenn ihr's doch sähet
ihr hoffnungslos Blinden
ihr Geblendeten euerer Totgeburt –

Aber euch weht kein Hauch
von der Fäulnis euerer Anmassung.
Mein Herz verlarvt ihr der dünstigen Triebe
Geflecht von Mensch zu Mensch.
Und wenn aus geilem Zusammensein
bedingte Zufälle treiben, nennt ihr das:
Herz – Und: Herz
sagt ihr auch, wenn euere Geltung
des Schmeichels bedarf, um zu prüfen,
ob sie noch gilt;
wenn ihr Zeitgenossen beschenkt, um zu zeigen:
Ihr habt –
In der offensten Ehrlichkeit
seid ihr euch selber wie Fremde fremd
und was ihr so zeigt und seid
ist euer geheimstes Gehaben –
Und nicht Verleumdung noch Lügen
sind euch im Sinn, im verdrehten,
bewusst –
Ihr habt wohl Formen zu Tausenden

für den Umgang. Aber ihr umgeht
was erst Formen begründet:
Den Inhalt –

Und die noch nicht so weit Verkümmerten
die dieses, aus Büchern vielleicht, wissen
machen die Form sich als Maske zunutze,
um allen zu scheinen, was sie nicht sind –
Oh, wenn ihr dies entbehren könntet,
dieses Formsein einem Nichts, wie viel
wäre gewonnen und wie sehr
träf euch die eigene Grausamkeit –
Wie träte euer, der letzte, Krieg euch an,
um, wenn's viel wär, den einsichtigen Zehnten
zu übergehn; wohl gezeichnet,
heilsam erinnernd den Kommenden
euere Zeit –
Denn die ist gezählt,
auch wenn keiner vom Tag ihres Ursprungs weiss
und keiner als Jahre beschrieb
die Qual unerhörter Vergeltung –
Denn ihr seid schuldig
und heimgesucht in wieviel Gliedern,
verurteilt zur Oberfläche des äussersten Aussen.
Und keine Möglichkeit – weitherum keine –
Denn euch ist der einzige Tod:
Eurem einzigen Leben, das ihr, mühselig genug,
an alle geteilt, entspringt nur noch Lüge,
denn Wahrheit ist ein Begriff der Ganze verlangt.
Und Lüge wird nie *sein*.

Oh, wenn euch doch Engel
in euer Eigenes nähmen –
Wie wäre die Erde befreit, wie würde die
Furchtbare fruchtbar – Oh, Saat – Heilige,
Goldene – Oh, Sonne –

Klingt's euch nicht wie Jugend im Ohr,
wie irgendein heiterer Nachmittag mit Sand
und Steinen und Schnecken?
Wie war es doch offensichtlich, das Spiel
das ihr triebt, wie stiess und riss euch
die Freude und wie drückte die dunkle Trauer.
Wie unausgeglichen, wie wehrlos wart ihr
da glücklich – Lebend – Lebendig lebend!
Und ringsum: JA!

Doch dann kam der Mord. Spanne für Spanne
geschah er euch selber.
Mit dem was ihr übereinkamt, mit dem Gemeinsamen,
begann's –
Und jede Erfahrung an euresgleichen erwürgte
ein starkes Stück Jugendland –
Und jetzt kennt kein Engel euch mehr.
Und die euch kennten, die Finsternisse,
sind machtlos im Tag.
Denn noch scheint die Sonne
und blüht's noch und jubelt
der Wind über euch –
Trotz allem!

II

Du – Abseitiger – stiller Beginn –
Friedvoller Zeiten Sinn ruht in dir,
allem entgegen gesegnet, aus –
Auch wenn dein Umkreis bis in dein Dasein droht,
einmal ersteht dein Lied –
Riesengross.
Sei Erde und ohne Furcht!
Kälte und Dunkelheit müssen dir dienen.
Und kein Trompetenstoss, niemandes Marschgeschrei
legt deine Blüten bloss.
Nicht die Maschine schrecke dein Schritt
und Angst soll dem Zwange
nie dich erzwingen –
Grenzenlos hast du, was sein wird, in dir.
Dir sind die Kommenden ganz übergeben.
Wie unter Schnee du die ersten Keime
des Frühlings glaubst, sind sie dein Leben.
Sei reines Zuschaun, auch wenn es schwer ist.
Und wenn es dich hinnimmt: Dein Leben hat recht.
Und dein Recht ist Hiersein
der Zukunft zu –

Wie wirst du es lernen müssen
was schwer ist. Wie unsäglich vergangen
bist du den Heutigen schon und wie
vergehst du ständig dir selber –
Eh du das Heute erwägst, bewiegt dich
das Morgen schon –
Und siehe, die Schale senkt sich,
als ob du nicht Einsamer wärst,
als ob die Nächte des Einsamseins sich
mit dir ins Wägen würfen –

Und senkt sich durch deine Tage
von denen dir's keiner leicht macht,
und ist jedem Anfang über
bevor er Gewicht wird an dir.
Und Augenblicke dämmern herauf
in denen grösster Geist
und das unglaublichste Glück,
als abgestandene Niederträchte,
sich endlich in Wahrheit zeigen.
Wer aber glaubt eher dir?
Wahrhaben will niemand –

Sieh im Geschehen die Wahrheit,
den wirkenden Hintergrund.
Mit jedem Tun beginnt eine Welt
ein neues Stück Freiheit für dich.
Ob du ablehnst oder dich gibst,
und wenn du sie baust,
wie weit du das Ende meinst
wenn du beginnst,
darauf ist ihr Dasein gestellt –
Doch niemals das Dasein anderer
sei dir im Aussen auferlegt, denn
wer, über wen Schlaf noch raucht,
wird hierseits sehend?
Mühe dich nicht um ein Nein
des Hiesigen der dir nahekommt.
Bekanntsein ist noch nicht erkennen!
Welche Versuchung Stimme zu sein,
gehört zu werden; dennoch,
dass deine Stunde erwuchs und erwachsen
dich fand, soll niemand erschrecken.
Dein ist sie doch –

Dein Suchen: Gilt es dem Vorteil
oder dem seligen Sein?
Gerechtigkeit: Tausend Versuche –
doch das Ziel ist entweiht!
Einmal weisst du, dass du es bist
was du auch immer suchst.
Du schwingst an den Enden Gut und Bös
an der Achse Ausgleich um dich.
Und wo dein Leben die Waage hält,
im innersten ruhendsten Strahl,
erst dort bist du wirklich und erst
über jenes Tun, das in dich zielt,
erreichst du dein eigenes Recht.
Und ein anderes, gält es die Welt
und meinen es viele, gibt es nie –
So wird dein Irrtum für lange
dein einziges Wachstum sein.
Nur über den stillen Ausgleich
erlernst du den Mittelpunkt:
Und sei es im tödlichsten Zwange –
Du selbst bist Gerechtigkeit!

Jeder, der liebte, hat auch gehasst
und jeder, der lebte, beging seinen Mord.
Doch wer weiss davon und welcher,
der darum noch weiss, gesteht's:
Dass er sich selbst gegenüberstand?
Dass er sich schied wie Wasser und Land
und leichthin wählte und keinen fand,
der ihm das eine eher empfahl.
Und so war sein Leben unbewusst
Wahl für Wahl –
Nur allzuleicht gilt ihm als nichts,
was nicht seinem Geschehen geschieht.

*

Wisse dich alles mit jedem Impuls!
Du wägst die Welt und nimmst und verwirfst sie
nach deinem Rang –
Oh, könntest du sehen, was künftig wird,
wie du jetzt bist!
Schwer ist das Göttliche, doch grösser
kann Gott nicht sein.
Du aber habe und sei's –

Gedichte (1950)

Prophetisches

Ich seh das Ganze. – Auch dein Untergang
Unauffälliger und deiner, Blinder,
seh ich so entgegengerückt,
dass ihr mit keinem Schritt mehr
nicht stürzt –
Und euer, mit immer noch fest geglaubter
lüstiger Macht Begabte, hat schon,
mit der Verneigung vor euch
begonnen –

Wiegt euch weiter in Sicherheiten,
die nur noch sichern bis dort, wo der Letzte sie
wieder dem Ersten empfiehlt und der Ring
der Täuschung sich schliesst – Dort
wird begonnen, glaubt mir. Jäh
wird es ihm einfallen, was euer Gestammel verwischt:
Die deutliche Zeit ist mir –
Dem Jungen …

Hofft auf Vergessen, erfindet Betäubungen,
werft die Netze des Sports, des Trunks
und der halbwegs gestatteten Geilheit
nach ihm –
Her mit den Uniformen, schleppt Namen heran;
befriedigt seine Eitelkeit
nach eurem bewährten Muster –
Wenn alles nicht hilft: Spielraum
seinen Machtgelüsten.

Aussterbende,
ihr wollt ihn schlecht. Ihn,
der euch heilen könnte, der für euch kommt,
der anfängt, ganz von vorne
beginnt –

Es hülfe vieles, wenn ihr an ihn
glauben wolltet. Doch dazu
müsstet ihr selbst euch gestehn:

Wir sind es nicht!

Mut brauchte es. Soviel wie noch nie
eure Ehrsucht, blindlings,
ins Leben spie.

Gleichwohl –

Er hält euch aus und,
ich glaube an ihn,
übersteht.

Ergründungen

I

Nachtstunden, Schlaf und die tägliche
Blendung
sind die Kulissen meines Wesens.

Der grosse Schauspieler tanzt
auf dem Asphalt: Vergessen
in Millionen Masken.

An den vier Flammen der Elemente
hab ich den Traum entzündet und
am Mass des Orion, versuch ich
die Gleichung der Denkbrüche:

Ich will den grossen Schauspieler kennen.

II

Vulkane sind, voller Verstecke, darin
meine Schatten den Alltag erfinden.

Sanfte Abhänge verspielter Formen –
Man ahnt nicht, in welchen Gluten
die Wurzeln sieden.

Scheinbar zu Hause, vom Aschengeriesel
nur in entblössten Stunden erschreckt,
will ich das wogende Geheimnis auf
die Innenwände meiner Seele zeichnen.

Im Ausbruch werden die Schatten zerstieben.

III

Ich bin das Schiff auf der Fahrt
für den fremden Kaiser. Wenn ich versinke,
wird sein Schloss der Sturm sein
und zusammenschlagen sein Land über mir.

Ich habe die Erinnerung an einen Wald,
durch den ich mit vollen Segeln kreuzte.
Ich wuchs am Fuss jener Gebirge, welche
der Wind war.

Da sind die Taten: Das heimliche Wohlsein
auf Höhe Ragusa; die weisse Schwester,
deren Kristallhaar westlich am Kiele
knirschte, und der eisige Schatten, der
den vergeblichen Taucher anfiel.

Die Kugel der Meere wird bald zerspringen
und die grosse Heimkehr zur Ebene
enthüllen –

Kreislauf der Quelle

Endlich im Tag, im entzündeten –
lauter Befreiung!
Ich bin's: Die Flut und die Frucht
aus Ewigem her. Dunkelt
mein Glanz noch, kaum quälender Enge
entwachsen, ruf ich die Sonne
und strahle das rauschende Meer.
Weiss ich die Stürme doch jetzt
und kristallen die Kälte.

*

War einst der liebliche Ausgang
betäubend wie hier:
Was ging mich das an. Ich träumte
vor allem von mir!
Wald war ich und wuchs und spürte
die stolze Dehnung,
als ich spiegelnd dem Himmel
entgegenhielt
zuckende Freude silberspringenden
Fischs.
      O Sprung,
            Lust aller Riesen,
die ich war, in quallene Tiefe:
Muschel und Hai und am lichtlosen
Grunde besternte Polypen aus Purpur –
Mein Herz war die Stille
der Strömung! Kreisend
am Algaug vorüber in bärtigen
Buchten. Schluchten mit Spiegeln belegt
drin der Toten Denkschrift,

leuchtende Runen seltsamer Seligkeit,
aufging, stieg,
mit Flossen beflügelt und fremdsprachig
platzend, lang trauernden Freunden
am Ufer des Leids widerbracht –

Sei's denn: Ich, unvergänglich,
War immer schon Jenseits!

Doch von den Ländern erfuhr
nicht eines mein Glück, Wolke
zu sein, zu taumeln im Zeichen
der Blitze – Aufgelöst,
windspielger Niederfall Bäumen entlang,
unerkannt, ganz im Genusse der Stämme,
dem Erdreich wie einem Nichts aus
Wollust und Weichheit
verfallen ...
         Sanfte Nacht in Gold
und Gestein ohne Nachricht – Eigens
für mich erfundene Nacht ohne Raum –
Siehe, dort träumte ich meerher vom
Schulterstern und die erwachten Plejaden
aus Rubin und Korund litten,
dass ich den feuchten Arm um sie schlang ...

*

Aus der berstenden Dumpfheit: Ja!
So gelang Sonne nun wieder
und ich, der lichte Gesang:
                Aufbruch
im Frührot des Bergs
zu den Mooren im Mittag,
                Domstadt

des Abends, Verkünderin meiner Krönung –
Krone dann überall
zwischen des Abgrunds Erfüllung
und der nächtlichen Flutzeit
meines Gestirns.

Orpheus

I

Die leise röhrende Regennacht
kauert am Eingang zum Tunnel der Blitze
und das unmenschliche Grau – mit rostigen
Eisen beschlagene Tor zum Nichts –
schlägt an die Hütte.
Ich friere im bissigen Wind
dieses plötzlichen Ansturms und meine Schritte
schlagen finstere Flocken
aus schwarzem Eis. Blaue Hunde
jagen über die See der Seele
und ihr Gebell widerhallt
von den Dünen der Trauer –

Unmessbare Zisternen brechen auf
mit irdischen Überflüssen: Tote
flitzen vorbei auf trüben Wellen des Hasses –
Leiden verwelken im Gestank ihrer Umgebung
und zwiegespaltene Götter treiben
Unzucht im Schlamm ihrer Kirche –
Abgründe der Armut, voll Gelächter
tierischer Heiterkeit – Leidenschaften, die sich
hetzen auf der Rennbahn des Mords –

Wo bin ich?

Ich habe hundert Hände zuwenig,
um all diese Augen zu verhalten, die eindringen
in den Sinn des Sinnlosen –.

Kehre zurück in den einfachen Umriss
deiner Sprachlosigkeit! Senke die Augen
ins friedliche Wachstum eines Buches und
erwarte die Stunde deiner grossen
Geliebten!

II

Auf der Fährte brennender Gefühle
stiebst du durch die Asche des Alls –
Reiter der Milchstrasse – hoch über die
Kristalltempel Gaurisankars.

Die Wolke der Finsternis kreist um die sinkenden
Türme und das Gewimmel der Welt
wirbelt zur Tiefe der Wiedergeburt –
Kugeln der Vergangenheit tauchen aus dem Strudel
des Augenblicks und ein roter Baum
voll Ewigkeit wirft seinen Schatten auf
die Augen der Blindgebornen.

Du aber siehst und ballst die Gewitter
des Lachens über tausendjährige Kämpfe
der Gewissen – und deine Tränen füllen die Räume
der Zukunft die verging: Grenzen der Gottheit!
Schlachten, Reiche und Untergänge – Beweise
der sichtbaren Unzulänglichkeit – Denkmäler
der Ohnmacht des Aussen – Phallus
und Yoni!

Noch bist du im Kerker deiner fünf Sinne,
aber durch die Gucklöcher des Abseits
bauen deine Blicke jenseits der Schleier
am Tag der Auferstehung – Gross schwillt
die Sekunde unter den Händen und im Zugriff
zerbricht die zornige Zeit –

Eine glühende Seele schwebt
zwischen Morgenmond
und verschütteter Thebais ...

III

Alles wird Frage und die Morgenröte
der Entscheidungen spannt ihre Bogen
zu gefährlichem Himmel.
In der Gelbglut reissender Wüsten brüllen
die Löwen des Verstandes – zerreissen gierig
die Leier des Leids und spiegeln die Pranken
der Angst in der reinen Ruhe.

Systeme, Gestalten und Taten sind die Kapitel
jenes Buches, das die Wahrheit verlor,
indem es begann ...

Fürchte dich nicht! Einmal
wird die Kerze auf der sündigen Insel
der Sintflut ein Stern – einmal
wird das schwere Gebirge in seiner Dornwut
verbrennen und aus der Asche das einfache
Gelände der Geliebten
erblühn.

Zeit ist Verlarvung – und immer erhebt sich
ein Herz in die Strahlen der Herkunft. Schreite
getrost durch die Folterstunde Schicksal –
deine Lippen werden dennoch vor der Abendsonne
beten und keiner der verstummten Frühlinge
wird fehlen – du kennst die Heimat am andern
Ufer des Zerfalls und über des schwarzen Stromes
Krater tragen die Silberflügel
des Kreuzwegs dich ...

Schreie des Orkus werden staunen über den
Glanz der Schmerzen – über die gesammelte Pracht
deiner Endlichkeit im Sternbild!

Das Schiff

Ich bin unterwegs ins Unbekannt,
vom festen Land ein Gesandter.
Palästen bin ich und Wäldern verwandt;
in Goldschrift, vorn, steht: «Panther».

Ich schätze die Feste: Der Wellkämme Firn
zerstiebend an Bauch und Brust;
die hänfenen Taue zerknallend wie Zwirn
und der Segel zerfetzte Lust.

Die Dünung hat bei steigendem Mond
bedeutend ruhigre Reize –
Ich hänge vertraulich und beinahe blond
am Ankerketten-Gespreize.

Und manches Mal träum ich, vom Seidelbast
der Mittagsstille berauscht,
die Steppe versengt, wo sonst um den Mast
das Segelgebirge gebauscht.

Und oft, könnt ich fliegen, flög ich dem Wind
entgegen zur Morgenröte;
durch Wolken, die lauter Wüsten sind,
erweckt von beschwörender Flöte.

Dann ist noch die Nacht und aus gläsernem Gras
erhebt sich des Abgrundes Stimme –
Von Tiefen raunt sie, ich weiss nicht was,
wie schlafend ich über sie schwimme.

Betrunkener Matrose
Eine Phantasie

In verrauchter Tavern
unterm russigen Fisch,
die Füsse gestemmt
auf den knurrenden Hund –
                    Wein
perlt am Bart und dröhnend hau ich
dem Mond in die Fresse – Fackelzüge
vertäuter Gedanken,
am schroffen Ufer Muschel und Sprott –
Gejapse in salziger Luft – Ja, Fäuste,
Taue und Teer.
                Der brennende Mittag
in Mexikos Buchten – Gespenster in
der Biscaya – Kalkutta, Sumatra –
Der schielende Neger, die Brüste der
geilen Malaiin und
platzende Palmen –
                    Samune,
knallend ins brache Segel wie heisse
Kartoffeln in dreckige Pfoten – Sahara,
Geliebte, Nackte, besoffen,
und irgendwo kichert der Rhein – Mozart,
der König: Das Schloss im Gebirg –
Gefrorene Himmel! – Ich spuck euch was
ins gescheite Geplärr. Morgen
fang ich den Stern und zerknack ihn,
siehst du, – wie eine Wanz. Ja, Fäuste,
Taue und Teer.

Hast du Mutter gesagt? Es wird Zeit
dass ich sterbe. Lichte den Anker –
Beim Bauche Poseidons: Ich hol den
Holländer! Ja. Das war die Sache:
Die Nacht um den Hals und
atlantische Golfe
gekotzt.

Auferstehung

Als mein Kopf in jene Hände fiel
die eine barmherzige Hölle
noch übrig hatte, war schon die Seele
in schwarze Säcke gestopft und
geriet unter die Räuber ...
Die ritten davon an schwindligen
Schlünden entlang, daraus die vier
Winde mit gelben Tinten
stanken. Zwiefach
erhob sich der Dämon und schlug
mit Ruten den Himmel. Und die
Zeichen des Tierkreises bissen sich
fest an ihm, dass er hinstarb ...
Niederstob
die scharfe Asche des Ausbruchs
und verpestete blindlings
das Meer.

Im Osten aber erklomm eine Sonne
das zackige Grauen.
Der erste Tag begann und fügte zusammen:
Pyramiden, Marmorbäume und Sternstädte.

Pergola

Ich liebe die Labyrinthe der Einsamen
mit den Bärten voll Vergessenheit;
die seltsamen Winke der Finger
an den Gesträuchen des Abseits
und der Gesänge unaufhörliches Flattern
im Winde Gäas –

Weich zerfallen die Gestade
im Ansturm der nächtlichen Wanderer
und die verängstigten Tiere flüchtigen Schrittes
ballen sich jenseits der Traumsee
zu neuem Ufer.

O schreckliche Schranke des tatlosen Einsehns:
Die Arme im mondlichten Moorbad
der Mussestunde, erwart ich vom Ostergebirge
das Fallbeil ...

Aber nichts geschieht als der tröstliche
Aufglanz am Abgrund, den ein blauer
Ballon ungeheurer Zärtlichkeit
spiralen erfliegt –

Aus dem Tagebuch eines Soldaten

Ich traf auf das Nahe der Toten;
und ihre Hände strichen kühl,
lautloser Vögel verdämmern im Nordlicht,
über das Antlitz meiner Nacht.
Es hielt die Erde mir
ihr zerrissenes Kleid unters Kinn
und das rauhe Gewebe des Schicksals
verbarg ihre Bahn – Reinheit
leuchtete vom Gebirge der Gräber
und das Kreuz ward ein Stern,
zwischen Dünen der Herzflut
verirrt.

Innen das Meer
mit den Gezeiten brandender Fremdheit:
Inseln aus Eis
und die schwarzen Flammen des Unrechts!
Innen die Heimat
unter den Himmeln des Traums: Glühende
Wolken der Vorzeit!

Ich aber verspann mich aufs neue
im Netz der Vergänglichkeit und
durch die Sanduhr der Trauer rieselte
Leben zur steten Höhlung
äussersten Irrsinns.

Verlöschende Flamme

Der Rausch hellseidener Flügel, des einstigen Lebens
mutwillige Fittiche,
an den Abhängen des Trostlos – Sternschritte
von Greisen mit weissen Bärten im Mondrauch –
Mich blendet
das Ehmals über die schiefen Segel scheiternder
Schiffe zu sehen. Totes,
grauend aus knöchernen Fahnen, vom Winde
kommender Kanonen knallend. Taumelnde Flüge
im heissen Wall umfassender Flammen – durch
schwarze Blicke schwelender Augen –

Tod!

Selbstsichere Paradiese
schreien noch weiter im Tag,
aber die Melodie ist unauffindbar
und willig die Ängste in den Kulissen.
Ich schliesse die Ohren und binde die Sinne
an ein Gestirn – Wohin denn, wenn nicht ins
Mass des Orion?

Letzte Horizonte unsrer Verwandlung:
Berge und Bäume, Tier, Fluss und Haus – alles
soll Stern sein und leuchten – denn Licht
ist jetzt alles!
Die Hintergründe jeder Verruchtheit
wachsen dem Einsturz entgegen und im Nebel,
auf tausendköpfigen Pfaden irr,

unterm Aschenregen toller Hirngespinste,
wankt,
wie die Häuser Koreas im Erdbeben,
unser brüchiges Bildnis –

Märchen

Um die Tuffblüte des Abendgewölks
schwärmen die Sonnkäfer hellen Gebrumms,
und am geborstenen Kiel der Horizonte
schäumt graues Gelock von Geissbart.

Wenn nicht das nackte Steinfanal
eines Kirchturms gen Westen sänke:
Ich vermeinte mit Goldruten den Himmel
zu peitschen – spitzmütziger
Zaubrer äthrischer Vulkane –

Aber die Steppe!
Zwischen den Augen Arkadiens
und der schilfigen Kirgisenstirn
schreckt mich der zähflüssige Schlaf
glühenden Pompeis –

Die sapphische Ode,
vom freundlichen Zephyr hoch
über nordene Küsten gehalten,
taut auf die Ohrgefilde des Abendlands
und violett friert schon die kühle
Kuppel ansteigender Nacht.

Ein Blitz noch
und die gelben Gazellen
bespringen flüchtigen Fusses
den Frühmond –

Die Gartennacht

Das grüne Segel eines Lindenblattes
lockt mich in die tausend Abenteuer
des Dunkels
        Als die Fregatte meiner
Phantasie zu den Stürmen ungeformter
Gedanken –
        Die heissen Ufer der Kerze
hinter mir lassend, hör ich bereits die
Wellen geheimer Geräusche im Winde schwingender
Alraune an die Planken schlagen,
und am Kiel gurgelt noch die Geborgenheit
des erloschenen Zimmers –
        Aber dumpf flammt schon das
Sternbild der Sonnenblume vor dem Himmel
des Zauns –
        Die schiefen Türme der
Stangenbohnen schiessen hoch aus den Inseln
der Regenfeuchte, während die Ostsee des
englischen Rasens von sagenhaften Fischen
zirpt.
        Über dem fernen Blocksberg
um dessen Ruinen der
Hexensabbat üppiger Falter tobt,
hängen weissliche Wolken vulkanischen
Ursprungs:
        Ich erwarte den Ausbruch und
suche den Mond, der mir am plötzlich entstandenen
Horizont den Stromboli enthüllen sollte –

Die Sommernacht

Vor allem das Raunen ziehender Tartaren
sprüht über die Steppe dieser Flaumnacht
voll schwarzer Kissen –
                       Goldringe sinken
in luftigen Meeren bis zu den Gründen
plötzlich zündender Salamander –
Traumschiffe stolzer Begegnung fliegen
geblähten Segels gegen die Felsriffe
wolkenberauschter Bäume –
Und kristallene Ballone zerschellen schamhaft
im heissen Schosse geballter Ewigkeit,
während der Weihrauch pflanzenhafter Gebete
aufsteigt und jenen Himmel durchduftet,
der noch nachmittags im Tram sass und schwitzte
und schwieg, vom Wirbel der Menge umspannt –
Der Morgen schon wieder, unendlich begrenzt,
mit keinem Lächeln die Stunde dieses Karfunkels
verrät –

Denn jetzt geht die Weite vor sich
wie das seidene Entfalten riesiger Gegenwart
endloser Flügel –
Und der Glimmer naher Gestirne ist nicht näher
als der taumelnde, etwas blinde, Flug
eines Falters.

Ein Blatt

Ich sass die heisse Nacht hindurch
unterm Sternbild der Sonnenblume –
Und siehe, der Tag kam: Rot
und erlöschend der Herbst.

Sternbild Paul Valéry
Für Max Rychner

Strahlen – mit offenem Munde
atmen in fernen Flammen –
Ertrunken am Purpurgrunde
silbert die Zahl und die Stunde,
gesteigerter, nimmt uns zusammen;
zwingt, was wir in uns verhalten,
die Sprache, die alles verspricht,
hinauf in den kühlen Verzicht.
Geheimnisvolles Erkalten:
Begnadete Blumen entfalten
zur Erde das reine Gedicht.

Verworfen die Träume, die Stille
vom Dunkel um jeden Ton –
Drohend erhebt sich ein Wille
und zischt und spannt seine Brille:
Die Schlange – wir kennen sie schon.
Gedanken, am Abgrund die Brücke
zum Ufer mit Schilf und Wind ...
Der Tor, der Tod und das Kind
erfahren am Ende die Stücke,
dass dich, den Träumer, entzücke,
was jetzt noch Abgründe sind.

Entfernt von den donnernden Toren,
unter dem Schweigen verwöhnt,
scheinst du dir selber verloren,
Urwelt in Blöcke gefroren,
die, wenn sie taut, wieder tönt.
Figur am Ausgang der Gänge,

die sich dem Dasein verschliesst,
ist, was du mühsam erziehst –
wenn sie gelöst dir erklänge,
in nichtige Scherben zerspränge
was du im Spiegel siehst.

Blendung

Der Stadt am Aufgang der Nacht
ist das Geheimnis der Schrecken geglückt.
O Augen zum Jähen erwacht!
Vom Kühlen zur Glut hin erschrickt
was des Augenblicks Auge erblickt:
Es hält die Erscheinung kein Wesen –
Aus Schatten und Strahlen die Chöre
schreien, dass einer sie höre,
dass einer im Takte gewesen
sei, wie in Strömen die Störe,
dass sie ihn gellend zerfräsen
und er im Schrei sich verlöre ...

Die Absicht ins Dunkel zu tauchen,
Gedanke an Blindheit, entzückt!
Entlang der Strasse verbrauchen
sich Blicke ins Grelle gerückt,
welches, mit Pfeilen bestickt,
jede Sicht an die Schwärzen
zurückwirft, zu Abständen zwingt,
denen die Folter gelingt.
Jenseits der Stille, der Schmerzen,
durch Türen und Fenster dringt,
flutend aus tausend Kerzen,
was uns zeigt und verschlingt.

Erlösung von Stangen und Drähten
bliebe ein Spiegelgefecht –
An all den toten Geräten
sind wir dennoch im Recht,
wenn wir, als Zahlengeschlecht,

aus den Teilen, die stimmen,
errechnen die ganze Gestalt –
Denn die Tage der Äcker sind alt!
Doch jüngere Tage erklimmen
böse ein Jahr das erschallt
von bittern und erzenen Stimmen,
die keiner mit Rechnen bezahlt.

Stadtmorgen

I

Ich wache an dösenden Schwellen
und plane den kommenden Tag.
Ich höre die lösenden Wellen
am Nachtufer Schlag für Schlag.

Der Park unter gräulicher Decke
verschlafen zusammengerollt.
Der Brunnen erzählt seiner Ecke
vom Traum der vorübergetollt.

Darin eine Schnecke zerbrochen
ein rostiger Nagel gekrümmt –
Ein Haus hat soeben erbrochen,
die Schritte verstummen verstimmt.

Ich habe viel Zeit und erwarte
die Rätselstunde noch nicht.
Am Trottoirrand klafft eine Scharte
mit phosphoreszierendem Licht.

II

Keiner wusste wie's geschah
als des Morgengrauens Stadt
aufgetürmt und doch nicht da
dieses Grauens Grund betrat –

Tiefer Eingeweide Schlund
drinnen Häuser wie noch nie:
Fensterknirschend knapper Mund
schweigend weil noch keiner schrie –

Plötzlich schreit der Schienenstrang
und erwacht mit allen Lichtern
Schrecken dämmert ihm entlang
zu den frühsten Taggesichtern

Welche, fraglos innen, laufen
gegens Ende das sie ruft –
Und am Ende Trümmerhaufen
rostig über Morgengruft.

Morgen

Turmhoch torkeln Trümmermale
über leere Häuserreihn
und zuoberst schwelt die Schale
schwarzerflammtes Morgenschrein.

Aufruhr, Asphalt, Weh in Wolken,
Hintergrund vor nichts gestellt.
Rabenrauhe Schreie kolken,
während Majas Schleier fällt.

Schattenstirnen, steil bergan
auf der Lavaflut der Träume;
Grauen füllt den Traumvulkan,
der entsinkt in Regenräume.

Noch einmal Gefahr und Schlag –
Blitzerwählt zerbirst die Schale.
Und dann wird's noch düster Tag
und erwacht's im Atemtale.

Stadtabend

Dass die unermüdliche Sonne der Scheinwerfer
jetzt in der Stadt die Festflaggen
durch die Vorfrühlingsbäume
blitzen lässt ...
Dass kein Himmel mehr da ist
nur noch das All, hart im Anprall
ans Kunstlicht ...
Dass die Erwartung irgendeiner kümmerlichen
Massenfreude sich ganz im Technischen
vollzieht ...
Dass die einzelnen Sinne ausgerichtet und
in Belangen des Individuums sinnlos sind,
weil die Gesamtheit der nicht nennbaren,
unzähligen Maschinerie
untertan ...

Dies alles ist gleichgültig!

Denn das unaufhörliche Sausen der Kaffee
trinkenden Menge macht mich taub gegen die
eisernen Ablenkungen, und in Gedanken eben
anlegend, Kolumbus einer Stille die tönt,
bin ich restlos entfernt von den Massstäben
gemeinsamen Verbringens.
Es mag sein, dass jetzt überall in grossen
Städten einer, der da sitzt, niemandes Bekannter,
von Überlegungen umkreist wird, die ausser
sich sind.

Es mag sein, eine vornehme Seepromenade erhält
nach Mitternacht den Besuch eines fremden Kaisers,
der sich noch nie in ihr erging.

Und gegen Morgen kann es sein, dass ein Fest war
die lange Nacht, von dem sich später die Engel
der Einsamen erzählen.

Vollmond

Was heisst nun Erde? Was Gesang?
Was die Stadt, die ungefähre?
Es döst, als ob ein Untergang
weiss auf allen Dächern wäre –

An grauen Stricken schwingt die Stille
bleiche Netze hin und her;
entsteigt dem Aug der Lichtsibylle
inselhaft das Häusermeer.

Vertriebne Scharen fremder Wesen
strömen heil am Blick vorbei –
Wir sind allein! Wir sind gewesen!
Wer weiss: Wir sind auch dabei.

Orkanische Musik

Hoch fliegt die Stadt gegens Chaos, vom Stern der erstarrt
eisig umloht. Und dein Herz inmitten der Türme
stürzender Wut – die Welt unterm Pflugschar der Stürme –
Noch zuckt es rot und glühend die Flamme beharrt.

Wie der Gesänge Alleinsein im endlichen Schweigen,
schwinge hinaus im bezwingenden Wirbel der Strömung;
wirf dich empor am Taumel betäubender Krönung –
Urtiefen bellen im Schlafe zerschellender Geigen.

Schweigen – O Ton jenseits der Stimme, dem Ohr
unverständliches Brüllen – schon nicht mehr gehörte
Stille, verdammt an die stumme Kelter, vergor,

dich zu berauschen, zu türmen den sterblichen Stolz.
Abgründe, Klippen der Klarheit, tödlich betörte
Gestalt deiner Sinne – Zerfall im äonalten Holz –

Abendland

Im goldnen Grau entflammen rings die Dächer;
aus blauen Schluchten quillt der Bäume Rauch.
Die Helle schiesst wie Wasser aus dem Schlauch
und stiebend klirrt der Strahl im Fensterbecher.

Noch rollt das Feuerrad hoch überm Hang,
an den die Dünste streichen – violett –
Da schwillt der Kamm: Es sticht das Waldskelett
in Broncen brodelnd, zischt und bäumt sich lang.

– Betrogen, hohl und aufgebraucht vom Feuer
starrt dann der Baum im Horizont herüber –
Zum Augenblick noch drohend, langsam trüber,
versinkend als ein morsch Gehölz im Weiher.

Nun flockt die Ebene in Asche, schweigt,
von irren Lichtern flach zu Land gedehnt,
das unterging schon längst und traumerwähnt,
auf einmal geisterhaft dem Meer entsteigt –

Fabrikmorgen

Umspült von kalter Flut
des Menschen müde Miene
und manchmal spielt die Wut
auf orgelndem Kamine

Ein Tor ein Blitz ein Pfiff
ein Abgrund gähnt entgegen
ein eisern Wasserschiff
erblindet trüb im Regen

Vier Wände sind der Winter
vier Wände sind das Jahr
ein Schlag und nichts dahinter
als ausgefallnes Haar

Ein Motor ist der Mittag
ein Zahnrad ist die Nacht
ein Trunkner der einst hier lag
hat's erste Mal gelacht

Und klafft in knappen Särgen
der Toten schmale Stirn
zum Abschied spucken Fergen
auf russiges Gehirn.

Albisstrasse 153
Sonntagnachmittag in der Mietskaserne

Der Gelbe Baum der Intrigen
wächst zum Dache hinaus
und stinkt zum Himmel.

Treppauf und treppab
das Zischen der Schlange
auf den heissen Steinen
verlogner Gemeinschaft –

Geschrei und Gekotz
teuflischer Gören –
Radio, triefend
von staatserhaltender Schwindsucht,
spuckt: Dass alles gut sei!

Stund unter Schweinen
mit der lässigen Sehnsucht
nach dem, vielleicht falschen,
erlösenden Strick.

Sternlos die Welt unter Tieren.
Wann wird das Jahr endlich Licht sein?
Mörder und Bäuche verlieren.
Wann wird der Staat einmal nicht sein?

Vaterland, Grenze des Irrsinns,
Recht ist die Macht deiner Folter.
Wisse zur Sintflut: Ich bin's
wenn du zerbrichst mit Gepolter.

Worte – o schmähliche Lügen
heuchelnd dem Schwert zugesellt.
Aus den verbogenen Flügen
fällt rings dein Tod in die Welt.

Höre: Ich ahne die Geister
die deine Maske zerschlagen.
Plötzlich wird dir der Meister,
Ohnmacht aus höllischen Tagen.

Vorbei

Der Tag ist wie ein Buch vorbei
von andern aufgeschrieben –
und alles was von ihm geblieben
kühles Einerlei …

Vergänglichkeit, das graue Tuch
vor Heute und vor Gestern –
Erlösung bald und balde Lästern
loser Seelen Fluch …

Vom ersten Stern der erste Strahl
gerinnt in mir
zu weiss nicht was –

Zu gut zu böse bleibt die Wahl,
halb Mensch halb Tier –
Ach, ich vergass.

Verse zur Zeit

Städte des Lachens tief im Gestein
stahlharten Fühlens und überwacher
Trostlosigkeit fürs brauchbare Sein:
Wer ist der glitschige Gott eurer Lacher?

Euch wird die Antwort. Ich will sie nicht!
Aber das Wort mit dem ihr noch spielt,
gebt es heraus, eh's euch zerbricht
und das Schlusswort zerstiebend befiehlt.

Braust durch die Landschaft Maschinenmenge:
Braucht's da noch Herzen, die ohnehin sterben?
Unter der Wut der Herzlosgesänge
sollt ihr die Dumpfheit der Hämmer erben.

Zukunft – was sag ich – sie ist schon erfüllt:
Platzendes Ende in Lug und Atom!
Zuckt noch ein Antlitz: Ein einzger verhüllt
nicht mehr der Masken vergifteter Strom.

*

Nicht dass der Mensch ein Ende hätte
im zertrümmerten Traumgetürme,
aber die Massen schmieden die Kette
für die Gefangenen kommender Stürme.

Bauen will ich die Arche des Lebens
dauernd im Taumel des teuflischen Tuns –
Stumm durch die Klippen geschäftlichen Strebens
gegen den Hafen strahlsichern Ruhns.

Nicht ist der Hirte verflucht im Land,
nicht sei's die Kindheit, die ihm verwandte.
Doch der den Krieg unermüdlich erfand,
der sei verflucht: Offiziere, Beamte!

Kraus täuscht die Wildnis der Literatur,
staatlich erlaubt die Moral vom Fluch.
Fehlt euch allen das Mass der Natur,
nicht hilft das Heldentum rufende Buch.

Terzinen der Dauer

Hier die hohen Verzichte:

Dauerndes ohne Gewichte,
Gewitter im Tal von Scarl.
Motivierung der Geschichte:

Etwa der fünfte Karl
samt den Propyläen
im gelben Haus von Arles –

Nicht das zeitliche Blähen
von Flinten und Décor –
Wo Aussätzige säen

wächst kein Rex hervor –
Verbrecher und ihre Siege,
Adel und sein Geschnorr.

Was bedeuten Lügen
des Staats im Kellerloch?
Besser wär's sie schwiegen,

man verflucht sie doch.

Schicksale

Die Völker brüllen im Rausch
ihrer Feste, und auf der Leiche
eines Chinesen betrinkt sich
der Mann aus Chicago – Wälder,
die brennen; und das Münster
erhebt sich in den Strahlen
elektrischer Sonnen – Gelächter
und Flüche! Beschwörungen
dieser und jener Götter! Diesseits
und jenseits der Meere Lichter:
Unendliche Funken Glückes und
Qual. Familien, die feiern, oder
auch nicht; die im Alltag, aus den
Kissen der Behaglichkeit, sich recken
zur Turnstunde der Lust – Und
vierzig Millionen sind
auf der Flucht!

Drüben steigt der Mond: Wir sind
auf einem Stern und morgen
wird's regnen.

Fanal

Die schwärzeste Stunde, des Todes Verkündung,
gerinnt dir zu schmerzendem Schreck?
Was weisst du vom Anfang und was von der Mündung,
du zitterndes Sonnengefleck!

Du liebst jene Finger nicht, knöcherne Klarheit,
die weiter verlockt als du träumst?
Der Tag ist zu Ende jetzt; siehe die Wahrheit,
bevor du im Dunkeln dich bäumst ...

So bist du im Taumel noch also geblendet,
wie je im Bereiche der Nacht,
wenn Blitze, von lachenden Göttern gesendet,
dein Stundengespiel umgebracht?

O Feigling –, der Ängste, der Finsternis Beute!
Vor niemand selbst sinkst du ins Knie –
Ich sage dir, Tempel sind Dummheiten heute
und wirklich ist: Melancholie!

Ein Staub unterm Kern, der des Nichts bleichen Schemel
am oberen Eck nur verziert –:
So hängst du, so einsam, vom Pol bis zur Memel,
und wähnst dich gross organisiert!

O Lachen, o riesige Heiterkeit!
Verachtung trifft alles zusammen –
So Stern und so Abgrund in Ewigkeit;
ich sage dir: Tod ist Entflammen!

Elegie

Ein Grau, das stirbt wohin du schaust,
mit Mauern wehrt wohin du langst –
Und jählings vor die Augen saust
ein grauer Pfahl von Angst.

Halt ein! Die Motten und die Toren
zerfetzen jetzt des Tages Klarheit;
es stiebt und dünstet schwarz von Mohren,
Verfinsterung der Wahrheit!

Halt ein! Die Hände dorren grau
im zwiefach aufgespaltnen Licht.
Das Sternbild steht zur Schlucht genau:
Vorausgesagt Gericht –

O Turm, o Mutter! Lug und Liebe,
mäandrisch Tag- und Nachtgeflecht.
Im Sturm geschunden, im Geschiebe
zermalmt das Spätgeschlecht.

Die Nacht bricht aus in Prozessionen,
mit Marmorherzen, Glimmer, Tand …
In dieses Ausbruchs Höhlen wohnen
nur Zeichen an der Wand –

Atlantis!, schwesterlich im Schlimmen,
in Lethe lebt dein hellster Klang –
du bist beruhigt seit die Stimmen
verstummt im Untergang.

Ostersturm

Die Strassen sind leer; unter Windstössen knistern
Papiere und Stummeln im Eck.
Balkone die klirren mit Glas und Kanistern
voll blechern und plötzlichem Schreck.

Der Umzug der Zeit wird erwartet zur Nacht;
man spricht von Geschichte, Kanonen,
von Fussballelf, von «die Gestalt umgebracht» –
Die Zeit aber kommt mit Dämonen!

Denn jetzt, in des Tags unaufhörlichem Rinnen,
versinken die Stunden gereizt.
Aus Bäumen und Häusern entquillen die Spinnen,
sekundenbeinig gespreizt.

Und giftige Stimmen ersteigen die Dächer
und blasen mit Russ durchs Kamin;
erkrankt an der Ahnung verschimmeln Gemächer
in die jemals Sonne noch schien.

In Gottes entlarvtem Hotel gehn Friedhöfe
mit Kronen voll Würmern zu Bett,
und über dem Eingang genagelt die Möwe
vom stinkenden Geier ans Brett.

Ein Wrack sticht mit schwarzem Gekröse ins Fenster.
Ein Schritt hoch und Golgatha spricht –
Titanen im Zeichen der Kriege, Gespenster,
ersticken den Schrei der sie bricht.

Die Strassen sind leer, die Geräusche zerfliessen,
verstummte, vergilbte Gitarren –
Armeen von rostigen Zaunspitzen spiessen
des Sturmes erbitterte Narren.

Gelber Himmel

Schwärme urweltlicher Kraniche jagen
quer über traumvolle Wiegen,
Sterne aus apokalyptischen Tagen
lassen die Schicksale fliegen –

Zauber und Dämon im Wolkenmoos
Grotten verkümmerter Bilder.
Fauchend gehn die Vulkane los,
alles Licht wird wilder –

Muschel mit Perlen aus Spucke und Schweiss
lauernde Falle voll Zorn.
Feurige Fische, Elche aus Eis
blasen ins blutige Horn –

Gross ist die Erde im Unterliegen
denn das Ende ist stolz –
Schreien die Steine? Steine die schwiegen,
Tote flammen im Unterholz.

Fackeln der Schwermut zischen im See,
kalt wird das Wasser ums Herz.
Über die Augen fällt schwarzer Schnee
blindlings himmelwärts –

Schlaf – o Rausch der Endlichkeit,
lockt mich dein Gefilde?
Blumen gänzlicher Einsamkeit
dorren im wüsten Bilde –

Zittere Mensch! Mit jedem Schritte
naht ein Untergang –
Dunkle Chöre orphischer Mitte
schreiten am Lichtjahr entlang.

Berge des Vergessens

Gongschlag und Glanz als Erinnern!
Nichts hält das Denken gebannt.
Grotten voll Stimmen im Innern
haben das Hirn übermannt –

Siehe die neigenden Röten,
schimmernd die Märchengestalt.
Morgenmitte voll Flöten,
drinnen der Wald widerhallt.

Gipfel, von Bläue umflogene,
Kronen betäubender Weite,
lustvoll ins Auge gebogene
Kreten, mit Bläue beschneite.

Düfte von Schroffe zu Schroffe,
Netz das im Goldlaut erzittert.
Elfene glasleise Stoffe
von der Kentaurin umwittert –

Gefährtin des Schweigens, verdunkelt,
schwarz vom erloschnen Opal.
Verstummte Schritte umfunkelt
mit der nun blühenden Qual.

Leichte gezierte Gazelle,
Sprung den die Stille versteht:
Lauschend auf Dunkel und Helle
ist das Vergessen gesät.

Abendspiel

Sonne und Sternbild doppelgesichtig
bleichend und wachsend am Untergang
und ein Gebirge tanzt übergewichtig
an seinem eigenen Abgrund entlang –

Nicht eine Taube hält in der Luft
friedlich den Taumel der Stille gebannt
unter den Flügeln schwölle die Kluft
schrecklich empor ins Unbekannt –

Irrende Glocken zerrupfen die Ruh:
Pflücken die Klöppel mit gläsernem Griff
schwankende Flammen wie Frauenschuh
Nachtmeer brandendem Felsenriff –

Zackige Tannen, von Fischen die Gräte,
gespannt in die Duldung betäubten Lands
frierende Dünen schwarzfaltiger Späte
unersättlich zergehnden Gewands –

Wächserne Nebelprofile tropfen
aus eines steinernen Schreies Krallen
unten im Tale der Dämmerung klopfen
purpurne Hunde an tote Korallen –

Nacht

Laute des Tages – zur Nacht
erschreckende Töne zitternd –
Ordnung der Träume, die Schlacht
vergangener Stunden witternd –

Über die fühllosen Säulen
sind die Feuer verstreut;
zusammenschlagendes Heulen,
Blut das mit Flammen dräut.

Tanzende Flamme! Die Spindel
kreist um das gläserne Tier.
Heuchlerisch Maskengesindel,
Taumel und Rauschlaut der Gier –

Nicht die Flamme! Das Meer
soll dich am engsten empfangen.
Spüre die Schmerzen, die schwer
dich zum Dasein bezwangen.

Schmerzen, die sich verwandeln:
Glanz um Bilder voll Gift –
Bittere Kerne der Mandeln:
Verlierer, wer sie trifft!

Das letzte Lied

Du Nacht – o Mensch –
du Tag! Unendliche Welle
die Gott verlor
ans Traumfanal –

Ich will eine Mauer errichten.
Vom Turm verborgener Qual
die schwarze Fahne schwenken
über verdorrtes Gewölk –

Ich will mich hängen
im Garten, am Hochaltar
der Gebräuche. Und durch die
Masken den Schreck treiben
mit glühendem Pfahl –

Ich weiss noch ein letztes
Lied; es soll ins Gewitter
gesät sein: Des toten Geistes
Krönung, Blitz
und Neuseeland –

Spätsommer-Elegie

Oh, das heitere Gift dieser ersten
Herbstnächte –
Diese Schattengestalten voll Auflösung,
die mir langsam, aber endgültig
den Sommer sezieren – Geheime
Bündnisse tropfen aus den Blättern
der Pappel und eine Schneewolke
duftet schräg über mein Gefühl –
Von den Dächern hangen
grauglockige Stimmen: Die Verkünder
der roten Stille, die Hüter
klirrender Gespräche. Ein Echo
ferner Gewalt treibt den Puls prall
an die Küsten des Hirns
und der harte Monsun aus Asiens Hochlanden
zwingt das Herz ohne Schonung
ins noch saftige Gras.

Die grosse Heimkehr liegt in der Luft –
Ich werde bestehen müssen. Die herbe
Lockung des Vergänglichen wird mich
einsaugen und irgendwo
an jenem Traumgrunde absetzen,
wo die siebenköpfige Schlange der Erinnrung
lustlose Tänze vollführt.

Herbstgewitter

Die Orgel der Blitze,
Kaskaden von Knall und Ozon.
Gewaltig zermalmt's über Dächern:
Kristallgriff
im zündenden Sprühblust –
Herz auf den Schienen des rasend
gefrässigen Schnellzugs!

Augen aus Angst,
purpurne Polypen
qualmen ins Fenster
und Hass über Hass,
kopfüber die Gärten,
kahl
unterm rasselnden Wolkengebirg.

Stimmen!
Glühende Rufe
verrollend in rostigen Röhren –
Und brandig bricht's
von der Spitze der Kerze
uralt im Zerfall
das verlogne Gestirn
und kippt
        und erlischt.

Herbstgesang

Regen äschert die Dämmerung ein.
Geschichte zerbrochener Sätze:
Blicke und Worte – Oliven und Wein,
verstrickt in finstere Netze.

Wächserne Frühlinge, blind und verbraucht;
Röhricht im Gletscher ergraut.
Eiserne Türme in Wolken getaucht
erschrecken die frierende Braut.

Blitzende Hoffnung! Im Donner verging
krass der Blüte Gestalt –
Funde am See: Fisch und Geschling
faulen im Laube uralt.

Hornruf, Gebell, von drohenden Schritten
Nahen im roten Orkan –
Keiner entflieht und jeder ist mitten
unter das Sterben getan.

Herbsttag

Wiesen in weisser Winde Zerfall.
Wälderflammen verströmend am Hang.
Erzene Wucht und Schattenprall
bäumt sich der Himmel Gebirgen entlang.

Scheckige Dächer zu Tal gedrückt
bergen Gesichter, Geräte und Schweiss.
Schwarzes, aus blinden Fenstern gebückt,
graut wie Erstickung geballten Schreis.

Rote Wogen neigender Reife.
Wagen, wacklig; schrill und Staub.
Schritt um Schritt steigt eine Streife
dumpf durch Moos und faules Laub.

Herbstnacht

Die Sümpfe von sahnigen Nebeln geweitet,
die schreien, die schlafen; und Mohn.
Und schwarz, der Gebirge Hoheit, begleitet
vom Gluten des Orion –

Das Röhren im Rohr und Klirren im Gras,
Gelächter ans träumende Ohr.
Lemurenkristall mit Zimbel und Glas
umwächst ein mondenes Tor.

Geblüt von Mohn, wie zaubert das:
Mit roten Vögeln dämmert
im Norden hoch des Sternbilds Mass,
drin laut mein Herzschlag hämmert.

Die Fürsten der Krönung, Purpursäume,
zerfahren vergilbend im Wind;
versinken sanft in jene Räume,
die jenseits meiner sind.

Herbstnacht

Die bittere Insel aus Mond uns Stadt
im Röhren der Bahnhofsgewitter.
Verrusst von Frost, von Röten satt,
landeinwärts rauchige Ritter.

Erlauschtes am schwarzen Abhang des Blicks:
Kometen in Röcken und Lachen –
Gebirge von Schritten, Konturen des Glücks,
gefangener Vögel Erwachen.

Der Schlaf, ein Segel am Maste des Traums,
so bläht er im Atem der Stadt.
Ich fliehe! Das stillere Atmen des Baums
zerfetzt ein fallendes Blatt.

Dämmerstunde

Es gibt jetzt Wiesen, drin der Schatten blüht,
der nicht von einem Lichte stammt;
und was ihn wirft ist finster überglüht
vom Innen, das im Dunkel flammt.

Vielleicht ist's Abend. Ein verirrtes Kind,
das heimwärts findet zum Erstaunen –
Von dem im Ahnen nur entstandnen Wind
der Sterne halberloschnes Raunen.

Vielleicht ist's Morgen und ein Vogel hebt
sich über einen grossen Wald,
wo eine Stille zwischen Stämmen lebt,
die einem Liebespaare galt –

Nun wird die Stunde wie im Traum entscheiden,
ob Erd, ob Himmel schwerer wiegt.
Ich bin erfüllt mit dem Gewicht von beiden
und meine Stimme unterliegt.

November

Nichts ist mehr zu halten,
die Tage schlagen zusammen –
Die Gartenfeuer erkalten,
während sich Hände noch falten
über den letzten Flammen.
Was auch der Blick ergründet,
alles ist alt und fern.
Verwandelt nur der Stern,
so nah, dass er verkündet,
dass das Jahr jetzt mündet,
sprüht aus kaltem Kern.

Die Farben sind verklungen,
die Strassen schritteleer –
Die Fackel ist geschwungen,
Gezisch von roten Zungen,
dann taucht sie tief ins Meer.
Wir werden Schiffe bauen;
befrachtet mit Gedanken
durch weisse Stürme schwanken;
in Träumen jene blauen
milden Himmel schauen,
die uns dort versanken –.

Sonatine

Weich glitschen Blätter unterm Schritt;
der Nebelregen schleiert sacht.
Ein seltsam Gehen pulst zu dritt
von dir und mir und Nacht entfacht.

Das Duffe violetten Flieders
im Schatten ferner Frühlichthelle
vermischt sich vom Profil des Mieders
mit Wendungen der Wangenwelle.

O Gänge! Einer Stunde Röhricht
zerknackend Rohr für Rohr die Zeit –
Da jeder Laut wird zum Bericht

von Ebenen, die still bereit
dir Düfte stehlen vom Gesicht,
im Rausche meiner Zärtlichkeit.

Winterabend

So schneien Flocken denn aufs Dach
und langsam wachsen weisse Wiesen;
klirrt hell ein Licht auf weisse Fliesen,
denn die Fenster werden wach.

Sonst ist es still in allen Strassen;
die Schritte haben ein anderes Mass.
Es geistert jetzt durchs Fensterglas
verzaubert, was als Kind wir lasen –

Die Schritte, – eben nah – schon fern,
sind wie für längere Zeit geschehen;
im Innern eines Waldes gehen
sie weiter bis zum nächsten Stern.

Geschichtlicher Tanz

Was in der Zeiten Beschränkung geschieht:
Ahnt es der Mensch im Wüstensand?
Hoch von der Mauer grinst Sulamith,
tanzend «Das Herz in niemandes Hand».

Reigen im Nichts, im Fortgegeben –
Stammland Ararat alter Pandekten.
Welche, die zogen aus, sich zu erheben,
nun sind Hyänen die sie erweckten.

Schrecken in Grenzen, allmächtige Drähte,
rings um die Hinterhälte gespannt.
Samen des Satans! Vom Drachen gesäte
Flammen haben den Himmel verbrannt.

Kopf an Kopf aneinander gedrängt
unter der schwelenden Krone Glanz;
jeder glaubt den andern erhängt,
selber hangend im herzlosen Tanz.

Die Sekunde des Bösen

Hier ist das Auge, das niemals blaut;
die Frucht aus den Schluchten der Strassen:
Blindes der Blüten, im Staube ergraut
und welk der Verachtung belassen.

Glanz von vorübergetollten Schritten
genarrt in der dunkleren Schicht
eines vergessenen Wesens erlitten –
bis alles fehlt zum Licht.

Gruben voll Tang neben Tiefen der Treppe;
das Flüstern; ein Drang der nicht endet –
Ragen Gebirge aus Eis in die Steppe
von heissen Dünsten geschändet.

Tiefsee des Tages: Allmähliche Wohnung
des fremdesten hier in der Zeit –
Nichts ist eröffnet – die Schleier der Schonung
verhängen die Abgründigkeit.

Requiem

Eine Zahl, die es nie geben wird,
brüllte die Leid-Uhr,
als ich auf dem Berg stand
und die Parade der Städte
verlachte.

Die blaue Arche träumte
über der Hölle Schlafender;
und wie die Flüsse der Ewigkeit
schwollen im Chor,
schritten die Sterne, den Fuss in der Zeit,
gegen die Stirne mir ...

Land sah ich da!

Und schlug
mit heissen Takten gelber Monsune
an die Brust Orions –

Die Kathedrale

Sind Ebenen, gross um den Goldstrom. Sterne
sind, züngelnd aus blauem Wind.
Die Krater der Zeit, umloht von unergründlichen
Schatten flammender Wälder ...

Ohne Heimat der Schrei! Zur Steppe verbannt,
endlos, ruhlos, als verbrannte schrecklich
sein Sinn sie in der schrecklichern Niederkunft –
Und Angst, tausendfach: Die dürre Weide
des Schweigens.

      Hell oben – der Aufglanz
am Abgrund – kühne Brücke des Traums – heil
oder unheil –: Fliegend ins einzige, welches
selige Landung verspricht.

Abgrund

Knapp auf den Dächern sitzt lauernd ein Grau.
Die Ferne zerspalten, geplatzt in schamlose
Sichtbarkeit – alles ist relativ.
Im Anfang war das Wort: Genaues Juwel im
abstrakten Chaos. Und jetzt, sieh dich um: Der
Taumel von Ordnungen, der faule Tanz glitschiger
Gleichgewichte.
Mit Tang und Drähten, verrostet, mikrobengesättigte
Tiefsee, Dünste von Russ, Schleier und aber
Schleier. Brennende Wolken, durchzogen von den
seltensten Wanderzügen der Märtyrer aller
Nationen –.
Grau! Die Farbe des Ursprungs – deines und
meines. Fluch nicht dem Wort. Im Anfang war
die Lust. So. Jetzt kann ich beginnen: Dies
ist die Umkehr. Aus jedem Gesicht – o schau
nicht hin – zuckt schwarz die Stichflamme
notorischer Gleichgültigkeit. Chrom, Lack und
runde, rollende Münzen sieden zwischen den
Windungen des Kleinhirns. Und oft stiebt die
Asche einer Gemeinheit noch tagelang im Umkreis
von hundert Kilometern. Tiere, richtig bepelzte
Vierbeiner, gefiederte Prächte – in freiwillig,
durchaus einmaligen Luftfiguren zu Hause, – und
jene andern des dichteren Elementes, silber-
geschuppte: Sie wären die grossen Unterweiser
der automatisch begriffnen Gestalt: So und
nicht anders geht's vor und zurück – treppauf,
treppab – die Erhellung am Wasser – der Sturz
ins Kino – und jetzt iss: Dreiecke und Kreise,
von Staats wegen kleinlich zerhackt und mundge-
recht bis ins schärfste Detail. Und danach die

Arena, das Theater der Tobsucht – wo die bestimmte Bewegung das Resultat ihrer Möglichkeiten beklatscht. Lauter auf Glanz polierte Scherben in die eines Zahnrades Rasen den Umriss beschränkter Begeisterung ritzt.
Überall Abgründe! Hier die Windstille – jählings im Zwölfuhrmittagswirbel: Fahl das Gespenst am Rand der Motoren – schweigend weiss eine winkende Hand – und die brüchige Brücke ist für Sekunden geschlagen. Niemand ahnt, dass der blitzende Augenblick einer Erhellung alles zum Einsturz bringt.
Ich ward verschlungen. Ich verschwand, inmitten des Kreises tragender Explosionen. Ich sah noch die Augen von roten und grünen Befehlen – rein vegetative Distanzen – dann sank ich.
Undenkbar! Mitten im Netz der öffentlichen Ordnung zu sinken? Und niemand sah es?

Doch dies war mein erster Riss – und als ich unten aufschlug (denn es hatte ein Ende, einen Grund) ward ich verwandelt: Spezialist für Abgründe.

*

Lacht doch, ihr Toren! Ihr neunmalgeschwänzten Trompeter militanten Zerfalls! Lacht, ihr denkenden Bäuche – ihr vom Fusel zerfressenen Hirnrinden! Vor euren Augen – und keiner sah's!
-- -- -- -- -- -- -- -- -- -- -- -- -- -- -- -- -- --
So gestattet wenigstens mir, dass ich lache: Über die Dummheit und ihre unsterblichen Nachahmer – Euch!

Mein Schatten
Epistel am Ende des Jahres

Durch nächtliche Gassen, durch grelles Gestöhn
das lautlos niederflockt zwischen die Lider der
Gier, schreiten wir aus –
Und könnten wir nicht – mein Schatten und ich –
stürzen vom bröckelnden Balkon?
Unter der Tritte hängenden Gärten verpuppen sich
Würmer – und oben am Torberg schlüpfen sie aus:
Schwärme vernichtender Falter – gefrässig, gift-
weiss und fast nicht zu sehen.

Im Amtshaus II wippt ein Scharlatan am Gummiseil
pornographischen Gedankenguts, während die Akten
zerfallen und sein Blick nach den verschobenen
Röcken der Bittstellerin leckt.
Ein Hausierer, der Knoblauch in schimmligen
Särgen feilhält (er nimmt auch Schokolade dafür),
und der Sechzehnzylinder, der eben die Holzgans,
den naiven Dom jener aschblonden Beterin, mühlos
zermalmte, zeigt sich voll weihnächtlichen Gross-
muts und streut einen Geldschein aus dem chrom-
blitzenden Fenster. Wahrlich! dieser ist edel;
denn sein Bremsweg auf vereister Strasse beträgt
zwanzig Meter.
Laternenpfähle: Wo sind die Erhängten? Sie lagern
sich rund im vergessenen Himmel der Schmerzen.
Und mitten in ihnen die tropfende Kerze, der
lichterlohe Katafalk. Und ab morgen können wir
die Lebend-Masken bewundernswürdigen Durchhaltens
vom kalten Wachse schälen.
Hörst du sie singen, mein Schatten? Sie lästern
an allen Fronten des Heils.

Gerippe röhren blechern gegen die Herzen der
Häuser. Es riecht nach Massenabfüttern und
Kasernen –
Dies ist die Sintflut – dies die Arche der
Staatsoberhäupter, die an der nackten Brust eines
Kohlenschleppers zerschellt! Figuren blinder
Kosmopolitik!
Schachspiel im Schlaf – wo immer der Schlafendre
die Chancen erlaubteren Totschlags besitzt.
Uniformen: Der Turm: Das Wildschwein: Der grosse
Gesalbte! Sie zappeln an jauchzenden Stricken
und ein Mann der grossen Biederkeit (er spielt
eben seinen Jüngsten) weiss draussen im Vesti–
bül, an Sternen und Sträussen seines Mantels,
die Welt. Dass er noch spielen kann?
Welch heidnische Frage!
Auch die zum Töten Gezwungnen, auch die Verfaulten,
auch die Verfluchten! Alle sind Spiel ihm –

Lassen wir spielen mein Schatten. Morgen ist
ein Tag hier, der wie Nacht sein wird!
Herrschaft der Schatten! Einer von uns zweien
gehört der Zukunft. Und hiermit, kraft meines
Willens, vermache ich ihr denn dich, meinen
dunkleren Anteil –.

Gedichte (1951)

Pythia

Die Uhr schlägt
glühglockig und schwer – die Ebene um London –
Westminster flammt und brennend
flüssiges Erz seiner Schläge
versengt meine Herznaht.
Von Aufbrüchen rings
erzittern mohntrunkne Gedanken, gebogene Gräser,
Medusenhaar unter der Sturmflut –
und im Schilf erwachen die nistenden
Kirgisen.
Platzt da der Mond
und im Innern malmen langsame Spiegel ihr Rund –
Fackelzüge und Trommeln:
Der Blutkreis entgleist! Der Tiefe
scherbende Bilder – erloschene Grauhorizonte
des Hirns – und von oben:
Zerfressen die Leber
und schwarz:
Vieler Flügel Flucht –
Zu
kracht das Gewölk und des Geiers Schrei
rieselt weiss durch die Finsternis ...

«Hier eilt ein Mann und dort,
hinterm Hag, lauert der Schlaf
eines Weibes. Es schneit. Es duftet
nach Mokka. Sanfte algerische Flocken.
Die Brücke nach Tanger hüpft
von Insel zu Insel – Hei! eine Lust ...
Hat jemand gerufen?
Ganz deutlich die Worte: «Vergessen» und
«Strahl» –

Da
stehn sie geschrieben, welche aus Eis:
«Abendblatt», «Elohim» und lorbeerumfunkelt
das Türschild: «Dummer August
          Oberst i. Gst.»
Schade: Es schmilzt zusammen. Und während
vier dreckige Tropfen im Rinnstein versickern,
bin ich wieder oben, schlank zwischen Säulen,
und trockne die Hände
über dampfend verwandelndem
Dreifuss ...

Hol über ...
Für Rudolf Scharpf

Treibholz der Stund zur andern
verführt ins Zwitterlicht –
Treu den Salamandern
wirst du zu Feuern wandern,
zum zehrenden Gesicht.

Du träumst unter Segelflügen
von unzerbrechlicher Fahrt –
Wetter knallen und Lügen,
gesplissen aus Blitzgefügen,
versengen die schwerlose Art.

Die Wurzeln wanken, die Tage
erfinden die Tat, den Mohn:
Tröstend in Höhenlage,
mit närrischem Pritschenschlage,
des Aufruhrs Bataillon.

Verletzung alles und Grausen,
Gewicht ohne Widerhall –
Gesetz, Gewäsch, Banausen
betreiben fertige Flausen
für ihren fertigen Fall.

Ananke: zeitlos Schänden –
die Sonnenblume brennt!
Zeichen aus den Händen
entflammt zur Tat entsenden,
die kein Zurück mehr kennt.

Des Brandes Grün, des Kleides
Veraschen tief im Herd –
phönixenhaft hat beides,
mit Unflat eines Leides,
den Urgrund dir beschwert.

O Hund, o Stern, Astarte
im Niemandsland des Hirns!
Gewonnen du – erwarte
zum Spiel die letzte Karte –
Verlierer des Gestirns ...

Panische Stille

Hier Ebene! La Crau,
die dir das Weite nennt –,
hier brennt des Schlafes Stroh,
des Tags Äquivalent!
So sinkt der Sinne Trennung
in seidengraues Tuch ...
La Seine –, zur Überschwemmung
lärmender Städte Ruch.

O Kniefall – tiefer, tiefer
am Niegewesensein!
Einsamer Beter –, schiefer
hängt nun die Welt aus Stein –
Die Welt der Fingerfrüchte,
ihr Wurf, ihr Fall ins Gras –
Wir Bettler –: Inkasüchte
um Dreifuss, Drudenglas ...

Wir Bettler vor den Weiten!
Was aus Pupillen trat,
das trabt, zu beiden Seiten
vom Strahl beflankt, zur Tat.
Der Speichen Gitterstille,
der Reifen Rotation –
Wer wollte dies? Der Wille
hiess: Imagination!

Gebirge rauchen Traum ...
Ach, fern die kühlen Flammen!
Zu Wolken, Pilz und Baum
schlägt jetzt der Blick zusammen –

Gelingt dir dies und jenes
vielleicht –, dann schweige, sei
am Rand wie Niegesehnes:
La Crau, la Seine –, vorbei.

Lorelei

Was hinter Schutt und Mauern
in Grabgesängen lebt,
mit Helm und Aschenschauern
durch unsere Flüge bebt –
Getaucht ist jedes Ende
ins Gift Gedankenspur,
verbrecherische Hände
sind dir bereit zum Schwur,
dass alles so gewesen,
Ananke und Total,
Staat Platons, Luthers Thesen
und Zolas Germinal …

Gewissen und Gerüchte,
Bauchtänze früh bis spät,
im Norden Südseefrüchte
der Dummheit angedreht;
im Süden Nordens Tiefe,
der Dichter Traumfanal:
Dem Spiel der Hieroglyphe
gesellt das Abendmahl …

Schlussendlich trieft die Stimme
aus jedem Pissoir:
Ophelia, feste, schwimme
um Rilkes Manoir –
Gerüchte oder Gewissen,
das ist jetzt einerlei:
Die Kämme sind zerschlissen,
kahlköpfig Lorelei –

Solang der grosse Heine
aus Grenadieren schauert,
solange mach zum Scheine
mit, was «überdauert»…

Karfreitag

Drei Kreuze auf Golgatha – Xavier
Gugat, Samba und
geiles Gezuck – Vater
vergib ihnen den Venom,
die zweite Stufe
vom Vampire!

Wermutmonde! Trinkt
eine einzige Träne und
das Schwert wächst aus den
Schlünden – zu spiessen die Erde:
Grill
über Explosionen.

Und einer flicht sein Herz
in zwei rauchende Zöpfe,
damit er sich hänge, hinter
der acherontischen Finsternis, wo
die Auferstehungen
donnern.

Lass nur –

Wieder die Nächte der blauen Phiolen:
Tropfen von Schwermut, durch klaffende Stirn
tropfend das langsame Gift ins Gehirn –
Hände, die immer noch mehr Schatten holen.

Hier platzt ein Leben, ein Lachen zerspringt,
herzharte Silben die hundertmal töten –
Keines der Lieder mag rosa erröten;
tot ist das Land dem die Anmut gelingt.

Bleibt jene Bleiche vom Babylontor,
Schleierscham, Henna-Gekrall, Karawanen –
Ringsum will giftig die Gegenwart mahnen,
dir nur allein rauscht das Ehmals empor.

Schlaf nicht zu früh ein, erwarte im klaren
Schmerzfluss die Haie der Hypertrophie –
Dort, zwischen Perlen, sank manches Genie;
denk nicht ans Ende, vernimm nur: Sie waren!

Lass jetzt die Nacht hoch –, mit Morgen vergiftet
selbst das Entfernte die nächtliche Schwermut –
Blaue Phiolen voll Aussatz und Wermut
werden wohl lang noch mit «Leben» beschriftet.

Morgennebel

Geisterhand –, die Faust mit fahlem Fächer
droht aus Dämmermauern Bollwerk breit –,
bellen über grauverschwommne Dächer
Füchse rätselvoller Traurigkeit ...

Wer bist du? –: Im Grün des Schlafs Erinnern
hebt ein Traumgewölk sich aus dem Abgrund –,
ein Gesicht, beschlagen, bleich im Innern
eines Spiegels tropfenschleiernd Traumgrund.

Sprich, o sprich –, verschlagen an die Küste,
wo der Bergkristall mit harten Stimmen
einritzt jene Stille, drin die Brüste
kahler Morgenfrühe milchig glimmen ...

Qualmend strömt aus Beeten letzter Nacht
deiner Antwort Blume –, strömt und ruht –
Dann fährt dröhnend Tag ein in den Schacht,
den die Sonne bohrt mit böser Glut –

Traumwelle

Glocken prallen an taube Mauern,
spalten die Stille in tönende Stücke.
Fische, die Trauerflöre belauern,
schrecken schräg vor die Blicke –

Schluchten münden beim Standbild der Nacht,
hart an die Klippen der Blindheit geschlagen.
Gänzlich versteinter Gefühle Pracht
spiegelt die Nähe abgründiger Fragen –

Lichter schreien, blasen ins Horn
ihrer vergeblich stürmenden Blendung.
Schwer sind die Lichter – ein weher Dorn
bedroht dein wenigstes an Wendung –

Kehr in den Tag, zu wehenden Halmen,
lustvoll ins Auge geschmiegtem Licht!
Nie mehr! Unaufhaltsam zermalmen
dunkle Fluten das Gleichgewicht –

Archaisches Sonett

Hier der verborgenen Schächte unendliche Lieder –:
Über den Brauen atlantische Geier blau horsten,
längsseits der Säulen im Winde die Saiten geborsten,
unter den Knien da sträubt sich der Erde Gefieder ...

Weiland die Wüste, entbrannte ins Taglichte wieder –
Sintflut und Quelle gelingt jeder Küste vor Nacht.
Hoch fliegt der Stunde beglückender Laut in die Pracht,
siebenfach, Tröstung und Traum zu lernäischem Flieder.

Pyrrha in Ur mit der Zimbel, der Schelle Getön,
vorwärts ins Ordnende dumpf durch der Wellen Gestöhn,
rappenfalb Strände des Nordlichtes, spannende Schrift,

Zeichen vom Euphrat, olivengrau, Stockalper und Thule im
Föhn ...
Herrlich Geschmeide dir, Tochter der Götter, so schön
thronend auf Riffen, woher uns Vergessenes trifft.

Rote Strophen I

Erwachsen und trostlos ringsum der Bäume Wehklagen.
Vollbracht ist der Himmel, die Wolken neigen sich
                                                    erdwärts.
Geräumige Welt: Die leeren Gebirge zerschlagen –
Gestillter steige nun Herbst ins erloschene Spätherz.

Getürmte Häuser, verblassender Aushub zuhauf.
Sterneisige Strahlen, im Ziegelgewirr zerfetzte
Gewässer, vergessener Mordnacht fahler Verlauf –
Gigantisch erfülltes Gestirn – O Erde! O Letzte!

Rote Strophen II

Getürmt um die Häuser erkaltender Aushub zuhauf;
sterneisige Strahlen, im Ziegelgewirr zerfetzte
Gewässer, vergessener Mordnächte fahler Verlauf –
Gewaltig nun Erde, erfüllt das All dich, Entsetzte.

Erwachsen und trostlos ringsum der Bäume Wehklagen.

Vollbracht ist der Himmel, die Wolken neigen sich
                                              erdwärts;
geräumige Welt: Die leeren Gebirge zerschlagen –
Gestillter du, steige Herbst, ins erloschene Spätherz.

Schwere Strophen

In dieser Stunde
brennen rasend erzene Götter –
Und brechende Siegel öffnen Flug
und Untergang später Gestalten Letztem –

Doch Früchte, grimme,
täglich greifbar tödlichen Bissen,
erfüllen des Lichtlos räumlich Gift
mit platzendem Kernstrahl finaler Flutung ...

Hinüber weist dann,
raucht der Turmbau schwebendem Geiste,
ein Schattenwurf jüngster Theogonie –:
Zu lernen den Atem der Vorwelt endlich.

In Eros' Wildnis
freier schweifend rüsten sich Menschen
zu nächtlicher Palmen Glut und zu
des mächtigen Rades erneutem Aufschwung –.

Fata Morgana

Nebelgeschlüfte, erstickender Traum,
Gifttau umsponnene Schwinge –
Zuflucht zu Flügen im Alltagsraum
mildert den Angriff der Dinge.
Schwiegest du ewige Gegenwart,
Zeit ohne Ende –, als Hölle
mischte sich bitterer Widerpart
in das Gedankengerölle.

Also Korallen wie nie um den Hals
hülf dir kein Gott aus der Klemme ...
Meerduft! Orangenblütig des Balls
Erde Maschinenschwemme –
Frühzeitig, gefesselt am Grund der Vulkane,
sög aus den Wurzeln die Stille,
quölle des Bohrturms fettgreller Trane
Traum: Direktorenbrille.

Hier, die gebräunte Sekunde Tag
bringt das Gestein dir der Weisen –
Kurven von Blättern –; Morbides erlag
Fall- und Faulgesetzkreisen.
Hinterhaltslüste, Verlust und Gewinn:
Dreimalig Fata Morgana –,
Fetzen im Föhn, vertriebener Sinn,
Schande von hier bis Nirwana!

Miniatur nach Mitternacht

In braunen Giften schwillt die Lunge,
verträumte Glut steigt hoch im Hals,
schmilzt Münzengold unter der Zunge,
der Wale Strahl des Atemfalls –

O Hieroglyphen dieser Täler!
O Schwierigkeit der sturen Schwere!
Zu Stein, zu Rausch – und kein Erzähler –
nur noch der Atem überm Meere ...

Nie taugt die Stunde Halbschlaf jener
verlässlich tauchenden Figur:
Sie winkt umsonst aus der tyrrhenen
Korallenschlucht dir zu, Lemur!

Vielleicht sonntags im Ruderboot,
Gekräusel, Tanghaar an der Schläfe,
erhascht ein Lidschlag unbedroht
das sanfte Zeichen das dich träfe ...

Wieder Dunkel

Vergessen –, Schmeichelhände,
Verblühtes im Regen spät –
Vergängliche Zeichen, Strände
mit Wellenperlgebet.
Des Ganges Milde, lichter
aus Kiemen aufgestört,
bestrahlt die Steingesichter
der Wüsten unerhört ...

Nein –, wieder dunkel verfallen
endloser Sanftmut der Nacht;
das Leben in Intervallen
von Träumen dargebracht –
Nun Flocken fliehender Rehe,
nun Angst, Lemurenkraut –,
am Lid der Jäger Gespähe
nach einem Vogellaut ...

So schläfst du –, Lethe, Lethe –
in Tränentropfstein tief;
verbliebner Lust Geräte
das hinter Bäumen rief –:
Der lauen Morgenmitte,
der Tauben Guttural,
der Zimbel jener Schritte,
ehern, –: Sardanapal.

Ständchen

Vokale der gelben Gitarre
als löschender Hauch unter Zweigen –
es spricht im Geschilfe – zu schweigen
bedeutet die Mondsilberbarre –:
Vielleicht ein Getropf, unermüdlich
ins Wachs der Gesichte gehöhlt,
indessen die singende südlich,
die Säule von Tropfstein umspült,
sich windet aus zartblauer Grotte
erlöst zu den Füssen der Fee ...
Entzücken! –, da spiegelt im See
die Träne dem einsamen Gotte.

Atlantis

Die Tiefe der Wasser
ist Spiel und Schlaf nur
dem träumenden Geiste ...
Unten,
jenseits der Nebel
flockenden Ferne,
matt schimmern und sanft
die Ovale vergessner
Madonnen –

Am Mondstein schlugen
die Kreise der Himmlischen
ehmals Figuren und
ebbten zurück
in die unerklärliche Gottheit.
Doch sinnend versammelt
die Zukunft
unter den Zeichen sich,
sprachlos ...

Erstarrte Rätsel!
Verwellte Erinnrung
an sprechende Muscheln,
an Riffe von körnigem
Schweigen und drüber:
Der grosse Gesalbte
im Perlbaum.

In Versen

So drück ich aus mein Fühlen:
Mittelst Tusch und Tüll,
bedrängt in Thermopylen,
Gardinen-Chlorophyll –

Aus Stroh und schwarzen Rinden
dresch ich mein Einmaleins;
vergebe selbst die Sünden
als grosser Bruder Kains.

Vom Tiefblau der Vernichter,
die hinter Strahlen lauern,
zum Weiss der Wolkendichter:
Spur in Schöpfungsschauern.

Ich liebe dich und Kröten,
schau jedem ins Gesicht;
aus zwei, drei Weidenflöten
schnitz ich mein Gedicht:

Vielleicht ein Wasserfällchen,
ein Blatt, ein Gras, ein Spelz –
der Narrenkappe Schellchen
und eine Laus im Pelz.

Südmeerüber ...

Es rieselt rötlich über Kontinente
von Albatrossenflug und Möwenweiss,
verhüllt den Abgrund, der mein Norden trennte,
als nah noch Stromboli, mit Aschen heiss

Bedrohung hinwarf zwischen Strand und Krater;
drin Muscheln glommen, Ginster seltsam glühte,
nach toten Fischen schnupperte der Kater
und unten die Koralle brennend blühte ...

Hinauf nun aus der kalten Städte Dach!
In Liedern schreib den auferstandnen Wahn –
in Wolken zieh die Zeichen Südens nach:

Drei Tropfen Jubels aus dem Ozean,
drei Räusche, als am Quai die Welle brach,
und lampionumfunkelt – Kuss im Kahn!

Oktober

So wird im Garten Widerspruch –:
Als fächelten Agaven drin,
vergeblich vor dem Niederbruch
der Meerwindflaggen gelbes Tuch
zu hissen gegen Norden hin ...

Es naht die Glut des Fallenden –
Semiramis singt dumpf ins Fell
des Herbstes mit sonst hallendem,
nur braun im Laub sich ballenden
Lichtflötenton zu Pans Gebell ...

«O Mittag, südlich –, jetzt Vergehn;
verwelken, flammen – später fliehn:
Zu Rausch, zu Wolken strömend drehn,
nach Inseln wo noch Palmen stehn
mit Segeln Silberfurchen ziehn ...»

Geborgenheit in Sonnenzeichen –
Verlockend war's! Ein letzter Griff
nach Leuchtendem, nach Inkareichen
geht fehl, ach –, Wiederkehr des Gleichen
und letzte Chance: – Silberschiff!

Spiegelung

Ich trank mit dem schweren Rot
der Gedanken
die Schärfe jahrlanger Wanderung –,

da hob der Gekreuzigte,
federnder Tulipan,
an schweigende Spiegel sein Leid.

Lächle Mond – hinter das Letzte,
Krümmung des Raums,
biegt neues Gewölk seine Drohung.

Landlos gelehnt an die Felsen
des Doppelblicks,
rief wer längstens das Glück in den Abgrund.

Nun flammen die Echos und harte
Zierate des Todes
krönen die Fläche imaginär –

Stilleben

Schweige nun, der Drache steigt –,
die Ufer tönen leise.
Die Flucht der roten Segel zweigt
in die Lawinenschneise –

Ein Wort aus Wüsten und ergrünt
am Abend in der Vase.
Nur Steppen –, Dschingis-Khan, erkühnt,
singt in der Oase ...

Gefälle rings, Stromschnellen, Boote,
Last und Nachtgefühl –,
zu Schluchten lang das rotbedrohte
grüsst im Chorgestühl.

Es dunstet Mekka, Karawanen,
Schleierzüge, Totempfahl –
Papyrus' Rollen, Blut, Bananen:
Nelkenzuckendes Final.

Linie

Nur ein Blatt
überm Wald,
nur ein Blühen
im Fluss –
und die Stadt
sinkt bald
durch das Glühen
im Kuss.

Kein Gestilltes,
nur Schein dir
zur Stunde
der Nacht –
als Erfülltes
ein Nein hier
zu Munde
gebracht.

So die Welt,
so der Stern,
so der Blick
aus Traum –
so zerfällt
alles fern
und das Glück
ist kaum.

Herbstsonne

Verklärungsspuk
mit Tramgeklingel,
aus Nebel buk
ein trister Engel
Tortentraum –
zu süss, zu braun.

Ein Fenster spricht,
man horcht, dann Töne:
Max Bruch, viel Licht,
das Geigenschöne ...
Tönt so die Liebe,
Herbst: zerstiebe!

Nicht doch – Am Ende
hiess Leben Schlaf –
Wenn wer erfände,
was uns traf
als Dornbusch, Feuer
ungeheuer ...

Du Schlafherbst, wär
nicht Nacht schon viel?
Ist Tun nicht schwer,
Erkenntnis Spiel?
Was willst du feiern
hinter Schleiern?

«Verklärungsrausch!
Die Welt ist gut –:
Hier Handel, Tausch
und dort das Blut –»
und alles Traum –
zu süss, zu braun.

Die Wolke ist verflogen,
die Stunde und die Nacht –,
mein Herz hat nicht gelogen:
es sah die weisse Jacht.
Es sah die Wellen locken,
es glitt im Leuchten aus ...
Von deiner Stimme Glocken
träumt es im leeren Haus.

Im Fenster funkeln Feen,
vom Herde singt die Glut,
verströmt in die Alleen
wo die Erinnrung ruht –
So ahnt der frühe Wandrer
im Blätterfall das Gift,
und meint, er sei ein andrer,
als den die Wehmut trifft.

So wird im Morgen lange
ein Stern noch zittern dort.
Wer zittert nicht im Klange
von einem schweren Wort?
Die Wolke ist verflogen,
die Stunde und die Nacht –
Hinter des Tages Wogen
versank die weisse Jacht.

Morgenröten

Ein Morgen wird tauen,
dein grösstes Gefühl –
Um Elfenhügel
die Elfenflügel
noch einmal, die blauen,
so fremd und so kühl ...

Und stehst du und schweigst du,
der Einsamste, Frühste –
Zu morgenländisch,
zu zauberhändig,
als Palme so neigst du
dich blühender Wüste ...

Ein Morgen wird tauen,
dein letztes Gesicht –
Die Nacht zerronnen,
im Traum gewonnen:
ein Hier, das die grauen
Geschicke zerbricht.

Tief wird es blauer ...

Noch schliefst du und sandtest
den Träumen entlang
Figur die du banntest,
Weg, den du wandtest
voll Überschwang –

Allein, in den Nächten
der herbstliche Ton,
mäandrisch Verflechten
von Blauem und Wächten,
das kanntest du schon.

Nur dieses, nur deines
am Abhang des Glücks,
ein Hartes, ein Feines,
das Herbe des Weines
zum Augenblick –

Dies Spät und Am-Ende
der Gluten, der Pracht:
Wenn dieses verschwände,
so blieb deiner Hände
Gebild in der Nacht.

So halte die Schauer
der Stille denn aus –
Hier trennt eine Mauer,
doch tief wird es blauer
und weiter hinaus ...

Cézanne 1877/78

Das Gold fliesst nicht in seine Taschen
und die Bilder trocknen ein –
Im Park von Issy –, dann zwei Flaschen
von dem heimatschweren Wein.

Der Vater kramt in seinen Briefen –:
«Schändlich, welch ein Filou das.»
Verständigung in Hieroglyphen;
Jardin Pissarros, Pontoise.

Er schreibt an Zola: «Denk Darnagas
und an den Kaninchenschwanz.»
Doch keine Rede von Bewahr das,
denn im Stillen wird die Zahl ganz.

«Je travaille», äusserlich Ergebnis
ohne Allgemeinverstand –
Die Ablehnungen –: kein Erlebnis;
St. Victoire entsteigt dem Land –

Entfremdet. Wenig Auserwählten
zeigend, was ihm selbst erscheint –
Nur die Schaffensblicke zählten,
alles andre: nicht gemeint.

Gedichte (1952)

Auf einem helvetischen Ziegel aus dem Jahre 1952

Lasst alle Hoffnung fahren
die ihr hier eingeht in die Grossstadt
des Militärs! Hier
dampfen die Laboratorien des Ungeists
und der Geschütztürme tödliche Wolken
rollen übungshalber
über die Dächer. Pausenlos bellen
die Befehle Stein auf Stein
zu neuem Gefängnis. Patriotenpanther
streifen im Dschungel, zu reissen
die weissen Blitze –, Ideen einer anderen
Welt, jenseits des militanten Zerfalls.

Jung sein, – nicht krank sein, – ja,
schon sich zu rühren
ist Sünde wider den Geist. Heisst
Takt schlagen müssen zum Pfiffe
der Geissel.
Gestern die Schwerter zu halten
galt noch dem Menschen – Heute: Zwei
Blicke lang nur dran zu denken
heisst Tier sein: Zu Flaggen gespalten,
in gelbe Winde gehisst und von eisernen
Kreuzen gekitzelt.
Nur eine Sünde gibt's: die Geburt – nur
eine Hoffnung: den Tod. So
ist es hier, jetzt, im Innern Europas ...
Und wem da noch Hoffnung, dem
sei die Enttäuschung verziehn.

Von letzten Dichtern

Ein Licht zum Beispiel hiess: Nofretete,
ein anderes: Tiger in Urwaldtagen –,
Dann Radio, Nippes und summende Drähte:
Der murmelt Chansons und jener Gebete –,
wer schreit wird erschlagen ...

So siegte die Sachlichkeit, hält in den Händen,
was eh noch das Windlicht von innen beschlug –
Was tut es –, wir haben die Welt zu verschwenden.
Die Zeit wird am Luxus der Verse verenden,
am Wort, das nicht trug ...

Denn das Wort wurde Fleisch in allen Tendenzen,
in Massen, in Reichen, am Ruhm und in Rom –
Verwob sich mit Schlangen zu ehernen Tänzen,
versank und erstarrte –; und wir sehn es glänzen
beim Fischen im Strom.

Auftakt zum Tag

Niemand ist in dem zu Hause
was am Abend wächst!
Es stürmen mancher Taten Keime
unausweichlich bis zuletzt,
schiessen millionenfältig
durch das friedliche Revier –
Dieser lächelt: «Hallo chérie!» Jene
stammelt: «Gott, bist du's?»
Und schon strandet ihre Fähre,
acherontisch, selbstbewusst.
Eingestiegen! Tier und Zierat
zwischen Lust und Last erblindet,
Ohnmachtdumpfes –, Pappelreihen,
Tram, Vitrinen, alles Leben
glaubt sich selbst!

Wer hat je den Traum erkundet,
diesen, der soeben stieg – nichts
ist dunkler – keine Wunder
werden weniger geschätzt.

Dieser sagte: «Schau! Evita!» Jene
liess ein Lächeln fallen –
doch am Ende wird's ein Anfang
ohne Ende bis zuletzt.

Wer durchschaut die Knospe, ehe
dieser unsichtbare Hauch
vor den Augen aller spaltet,
was den Vorhang nach den Glücken,
nach dem Irrtum niederreisst …

Sieh: schon raschelt's im Parterre,
unvermeidlich knackt wer Nüsse –,
und im Herz der Leidenschaften
pudert eine schmale Dame
rücksichtslos ihr Kinn.
Zweifellos zu wenig fesselnd
was geboten wird an Rausch.
Eines Tages aber merkt sie,
dass sie selber spielte hier.

Oh, es regnet heute; grau
glänzt der Asphalt und die Tränen
sind für später aufgespart.
Nur am Rande, wo die Räder
flitzen, scheint ein Abgrund ohne Grauen
ohne Zweifel aufzublitzen –

Nun denn: gehn wir. Irgendwelche
Ziele sind schon unterwegs,
und der Stern, der eben unter
leichten Pulsen eingenistet,
wird sich eher denn Lots Weib
solcher seltsamer Erstarrung
scheinbar so präziser und behüteter
Verwirrung zu erwehren wissen ...

Also lautlos hat sich
eine Zeit
entschlossen für ein Nachtstück
ohne Zeugen!

Zauber

Sie trafen sich jenseits der Brücke, des Abends und mitten
im Februar; es schneite und stob in Kristallen, entschlief
und träumte gequält durch den Alltag von eiligen Schritten,
im One-Step der Kreuzung, die «Gehe», und ihnen dann:
«Warte» zurief.

Gebüsch des Erblickens verschlug im Moment die
Gedanken,
dann siegte von irgendwoher jener Kuss über Frost,
der schon die Minuten berechnet, die kümmerlich sanken,
der lebte vom Einmal, von selten ankommender Post.

Was tat es –, die Welt ward Gefüge von Immer und Nie
und warf so das finstere Netz aus Verkehr und Hotels,
geheim ihre Stimmen zu fangen, um ihn und um sie ...

Was tat es. Ein Lidschlag gelangte –, des Städtegeschells
nicht achtend, zum letzten Gebirge, zur hellsten Magie:
Ein Glanz erst, entfaltete Flügel und flog durch den Fels.

Ein Abend, eine Strasse und ein Mittag in der City

Präludium

Niemand ist in dem zu Hause
was sich jede Stunde sammelt –,
leichte Brise, Hochzeitsflüge, Sturm
und dunkler Taten Keim. Lustraketen, Leidkometen
schiessen millionenfältig
auf das brache Saatland Stirn ...

Dieser lächelt: «Hallo chérie!» Jene stammelt:
«Gott, bist du's?»
Und schon strandet ihre Fähre –,
Rio, Melbourne, Wien, Paris –,
acherontisch, selbstbewusst.

Eingestiegen! Tier und Zierat,
Ohnmachtdumpfes treibt im Stamm –,
Freude, Trost, Gefängnis, Villen:
Alles lebt in blindem Bann;
Pappelreihen, Tram, Vitrinen,
alles: Langspielplattenrillen ...

Wer hat je den Traum erkundet, diesen,
der soeben stieg? Weder Unheil
noch die Wunder
schweben Licht auf unsre Schwellen –
Nur die Tropfen auf den Fliesen,
Tropfen Bluts und Hundebellen,
Biss und Rausch ist unser Teil!

Wer durchschaut die Knospe, ehe
dieser zügellose Geist
vor den Augen aller spaltet,
was den Vorhang nach den Glücken,
nach dem Irrtum niederreisst?

Welch ein Nachtstück ohne Zeugen!
Welch ein Bündel auf den Teetisch!
Niemand soll dem Tag sich beugen,
denn die Schächte ziehn magnetisch
alle Helligkeiten tief ...
Nur ein Kumpel in den Gluten,
der des Traumes Rätselruten
nicht ersehnt und nicht verschlief,
spürt des Alltags klamme Hand –,
zittert vor dem Wetterschlage,
gräbt das eigne Herz zutage:

Sieht es schreckerfüllt in Brand!

I

Sie trafen sich jenseits der Brücke,
des Abends und mitten im Februar. Es schneite,
stob mit Kristallen, schleppte, klirrte und tutete
vor Mandalay –
Fernher glomm Golgatha, Tauben
rauchten am Spiess, Grill aus den Restaurants.
Die Arche ging unter, Tiere schrien nach Vergeltung;
während die Gewerkschaft der Garagisten
den Ölzweig
auf ihre Fahne heftete.

Triumphzug! Tremolo! Reiherkarawanen
mit geschwellten Segeln nach Sidi-Bel-Abbès –, doch
Körbe voll Formulare
rollten jedermann zwischen die Stelzen.
Alles fiel! Kunterbunt Schmerz und Gelächter.
Für zwanzig Rappen, zu ewiger Heiterkeit
empfahl die Tagespresse: «Fleurs du Mal»,
auch Schrebergärten ...

Jenseits der Brücke –: so lagen die Dinge,
als sie sich trafen. Gestrüpp von Blicken,
Dschungeln mit Tigerritt, Bengalenzungen und
Stempelgebühr. Dann fleissig die Achterbahn:
Figuren, bürgerlich, auf Hochglanz zu schlingern. Steine,
Findlinge gar, Gletschermühlen, in denen die immer
selben Gedanken sich schliffen. Gedanken
vom Rollen der Münze, vom Zeigen
der Checks und Schlafkabinen – Konfetti,
der kurze, künstliche Rausch aus Papier –,
eignes Theater: die Widernatur dramatischer Verse –,
dazu: Kinos, Kassen, «Hôtel du Nord» und drüber:
Wir haben noch weit!

So
liefen sie Hand in Hand, wollten
ihre Finsternis zwingen, wollten das Dämmergesicht,
einen grauen Morgen, eine Lust der Vermummung
zum Bahnhof bringen, zur endlichen Abfahrt. Nun GEHE,
nun WARTE blitzten Signale, WARTE! GEHE! ...
Klerikale Kadenzen der Tollheit riefen als Schicksal,
trugen die Häupter hoch, salbten, behängten sich
mit Stolen –, rechts Kreuz, links die Ketten.

Wohin denn? Noch weiter? Hoch die See? Freitreppen?
Kulissenschieber zwischen Phantomen, oder
quer zum Rinnstein das schwere Leichthin: La vie
c'est d'apprendre à mourir? Wohin denn – beide
glaubten sie nicht an Gott und auch sonst
stimmten sie oft überein –
War es zu spät? War Herbst, Apfelfall, Sintflut
mit Chrom, Lack und Bierbauch?

Oh, was bewahrt schon den Wert einer Stunde! Was
blieb denn
nach dem Sturz in muffige Keller? Selbst der Pudel,
das Tier grosser Dichtungen, schnupperte heimlich
an ihren Strümpfen –, indes: das Schweigen
nach jedem Satze, verwandten sie dazu
nett und niedlich das zu bereden,
woran sich zu glauben lohnt. Er aber
sagte ihr nicht, dass er den Aufruhr gestiftet,
die Fackelhelle der Mordnacht –, sagte nur,
dass er sich Verse erfände, sich zu besänftigen.

«Nimm
meinen kleinen Aufschwung, meinen Wahnsinn»,
war ihre Antwort, «heut hab ich Ausverkauf»... Nun:
so umgab ihn der gemeine Reiz der Illusionen.
Er sah sich in Spiegeln und glaubte
Visionen gehabt zu haben und sah,
was er gesehen haben möchte.

Sie tranken zusammen noch Tee, standen fröstelnd
am offenen Fenster, besahen den Schneemann im Hof –,
er würde tauen morgen: drei Eimer schmutzige Flut,
der Ball zu Ende, darunter die Leiche –, Spülicht
über Robe und Rassenhass, paarweis in den Wind getrieben
kippende Dochte, Zischen des stickigen Alltags –,
dann trümmerbrechende Halme, das Knirschen der Gehäuse
und drinnen noch weiches Fleisch,
gibt sich den Anschein: es sei
alles in Ordnung –:

Sie lachten zuweilen und löschten die Lampe nicht.

II

Während ein bleicher Tagmond durch die Kastanien weinte,
zog er mit einem Blattstiel
auf jeder Plakatsäule nass
ihre Namen nach: Rheila, Rinetta, Raulur ...
dass ihn die Kälte schlug, dass ihre Ketten ihn jagten,
jener hohlen Musik zu, die pfiff und sägte –, in seltsamer
Körnung durch seine Adern stelzte und glitt:
Ein offenes Land, ein Weidegrund, unübersehbar, stumpf
und in Nebeln. Dann Karussell,
Kehraus ... die Optik der Trauer.

Irrsinniger Schlaf und die schnappende Flügeltür –,
Zerknirschung und Eintritt: Fluch,
                 oben,
                         von der stieben-
                         den Tenne,
ging die Niggerband los, die Wirbel von Sing-Sing –, Röhren
mit Rouge verklebt, Schlitze voll Whisky, Hände

zu Knoten, Hände zu Riss und Gewalttat zwischen
die Schulterblätter der Damen ... Oh,
es ergriff ihn der Abscheu. Das Credo
quia absurdum est sang er denn doch nicht. Lieber
kreuzte er wieder auf gegen die höllische Akustik
der City, zog seine Sinne hinter das Halstuch
und erfand zu den flüchtigen Schritten die Monotonie
fremdländischer Spiele –: Opiumball unter Lamm und
                                                                                    Lotos,
mit jener indischen Prinzin aus ehernen Mathematik-
Vormittagen, aus den Stunden der Schiefer- und
Kreidezeit –: die Saurier traten
schon damals hoch, aufrecht
und benutzten ihre Vorderbeine dazu,
nichtsahnenden Kindern mit Ruten und Rasen
die Ahnung zu bringen.

Opiumball –: es kam darauf an übereinzustimmen,
auf scheusslichen Klippen
ohne Absturz die Würfe zu fangen,
die dem anderen galten. Das ferne Vergessen, unmögliche
                                                                                    Ruh
am Teiche der Buddhen –, oder Sansaras Rad: die elftausend
Kilometer pro Herzschlag ohne Felgenriss –, die
Herdenfeuer Gethsemanes, nebst dem Gemurmel
verwaschner Chimären von Notre Dame ...

Was sollten sie hier um Gnade bitten, was sollten sie
niedersinken vor Unbegreiflichem? Also
liessen sie's –

Und weiter
über die Kreuzung totaler Vernunft, über
die Schottergrube der Herzen – sich selber versuchte
er zu überreden, an jenen zu glauben,
der er sein könnte –, an jenen, der damals im Dornbusch,
ohne zu brennen, die Rippen entlang der Kastanienblätter
mit spitzen Fingern verlegne Figuren riss ...
Das geheime Elend
und die unsichtbare Verachtung geliebter Geister
stellte sich dann dar – Oh, er las
von Erdbeben, von Erschütterungen langer Traurigkeit,
von den Blitzen des Glücks – und die gestrige Stunde nun
ward eine Pflanze im Garten seiner Versuche, im Park
der Versteinerungen, im Lavafeld seiner Meisterstücke
der Vorstellung ...

Dies blendende Passée: Du
bist mein Schatten,
wenn ich das Licht scheue, meidest du mich: Ja,
sie hatten wohl recht, diese Narren. Oft
hatte er's mythologisch getrieben, mit grossem Pomp, hatte
gemalt mit der Inbrunst Fra Angelicos, hatte gedichtet
unter den unglaublichen Gluten des Orion, hatte
den Zweifel gesprengt, um jahrelang auszuhalten
im Kometenregen seiner Trümmer – und jetzt: ich bin
nicht mehr
als ein Experiment meiner selbst!

Was war wirklich
in diesem Zeitalter plebejischer Hintergründe? Sieh
die Lehrers, die Pfarrers und all jene zwiefachen Elemente
der Geisterseher und Rückbinder mit frommen Torturen –:
wie sie forschten und fragten und letzlich nichts andres
als «nicht dass ich wüsste» bekamen ...

Oh, über die Abende, da man sich küsste, über die Hügel,
da man sich sicher wähnte vor Gott und dem Vater,
über die Abgründe, da man sich wagte, unter Zähnen
und Zuckungen sein Herz an die Erde schlug –
　　　　　　　　　　　　　　　　　　«Man stieg
aus dem Fenster, die Nachbarschaft schlief, bis auf den
Hund, den man kannte –, ob nicht das Blechdach knickt,
　　　　　　　　　　　　　　　　　　　　ob nicht
der Baum zu sehr –, schon war man drüben, kniend
auf dem Schotter, sprang Schwellen entlang, geräuschlos
in Turnschuhn – dann rechts in die Büsche, wo die Geleise
so seltsam im Monde durchschimmerten ...
　　　　　　　　　　　　　　　　　　ein einziger Pfiff
war die Posaune der Jüngsten, die Fanfare zum Blocksberg,
entlockte dem Vorhang die weisse Gestalt –
welche nun sehen konnte, was sie schon wusste, welche
man greifen konnte, sie,
die schon zur Mechanik der Abendgebete begriffen ward.
Dann:
　　　den Pflock von den Lippen und rittlings
über Terrassen hinab ... Oh, die Verhandlung war kurz,
das Gericht gnädig: man verlöschte die Folterfeuer.»

Vergeblich ... jetzt schwang die Stadt ihre Dünung aus:
Kummer und Traum unter nüchterne Torbögen. Strömendes
flog auf, die Geier aus der Allee, die Tauben von der Treppe
und durch die Dämmerung kroch ehern die Schlange ...

III

Es gab eine Sonne, die lieblich spielte
mit Jalousien und Gardinen – auch roch's von draussen
nach Lokomotive – kurz: es war Mittag
und er erwachte –, tauchte auf aus der U-Bahn
                    bewusstlosem
Hin und Her, fingerte sacht sich den Wurzeln entlang
verschwiegener Gewächse und landete langsam
mit dem Rest der Gedanken
im Linnen ...

Vor und zurück
eine Hand auf der Schatten Klaviatur – die seine –,
und als er sie kannte, fand er sie hübsch. Er hörte
Chopin auf Palma Mallorca, tat Schritte im Unwägbaren
fremden Nachmittags und begegnete
zwischen Sund und Palmen der Sand. Ach, die Sand!
Angelpunkt, mediterran –, doch Blüte und Weidenzweig
                                        auch,
– über zu Butterfly: Gestern? Dann: Schatten,
Schatten und Schlaf ...
Kein Wäldertraum spülte ihm Licht, kein Herodot
spielte die Bälle ihm zu. Ein Nachmittag, irgendein eigener, musste jetzt helfen; ein Segel, irgendein Segel,
womöglich in Rot, sollte rauschen –, sprühen durch Riff
und Geström bis zerspellte in Flut vor Korallen
alle Untat des rettenden Augenblicks –

                                      «Wir standen
im kahlen Vorhof der legitimen Schinderhütte, im Raum
jenseits des Lebens –, vor dem ledernen Roulette
der Militärs.

Wer begriff je, dass in der Welt ‹ewiger Werte›,
wo von Kultur gespuckt, von Freiheit gefaselt und
vor den süssen Giften des Herzens knien dieselben, die hier
die höllische Geissel zu schwingen ‹ins Auge uns fassten› –?
Abgeschätzt, sichere Zweihufer, geschoren auf zéro
millimètre, wie der oberste Wanst sich auszudrücken
                                                beliebte,
so,
standen wir da, vor der Guillotine des Geistes,
den Koffer links in der Hand, um später
den Zivilisten nach Hause zu schicken –, später,
wenn man eingestaucht wäre in beissende
Futterale des Vaterlands ... O die Gesetze
des Unsinns
zeigten an jenem Tag sich im vollen Wichs. Aber viele
glaubten, es sei eine Sache des Spiels: so viel Zucker
und Zauber war diesen im Alltag; andre hingegen
bekamen Heimweh nach einem Verbrechen, nach einem
blauen gedunsenen Bauch
ohne Uniform.»

War dies der Nachmittag?

Weh! Diese nagenden Wellen um Daphne! Diese Bannung
am Rande des Rosenhoch! Gestalt gib, eine
                                                schaumgeborene!
Den Rest in Kanus, Hibiskus über Atollenchor! Nichts
                                                        weiter –

Seine Hand liegt auf moll, wo das Vergessen lauert und
                                                          spinnt
am lauen Netz zufriedener Blindheit –, wo die Brücken

von San Luis Rey reissen –, wo die Totenschiffe, die
                                            schlammigen
Wracke
träumen von Wollust und Wiederkehr ...

Gestern? Nein: Schatten,
Schatten und Schlaf!

Aurora in Zürich

Ihr Himmel wiehert. Wolkenpferde,
rotes Rosenelement!

Das früheste Tram umschifft die Erde,
segelnd erst ein Ornament
– Durch des Stadtplans Morgenbuchten
ziehn die Ruder, knarren Duchten –
Schlaf und quer.

Nach Hahnenschrei, wohl eine Stunde,
heult im Hof der Torschakal.
Dann aber trüben sich die Funde:
Wecker kreuzen ohne Zahl
echsenschnell die Karawanen –

Tauben fallen aus Platanen,
Glocken, schwer ...

*

PS.: Da flieht im Gesang der Bäume
schon fern die römische Schönheit,
erschrocken,
ein Laut vom Tiber –

Frühlicht

Im Tau schleift auf den Strassen
mein Blick den Morgen hin –
Aus Gittern von Terrassen
wirft sich der Schattensinn ...

Jetzt früher Farn, jetzt schnellen
einzelne Röcke hoch –,
nun frischer Stein: die hellen
Figuren, die ich roch.

Mit Rädern durch der Wälder
moosaltes Pirschelicht –
Ein Blitz vom Feuermelder,
die Sonne, ich, in Sicht ...

Wer lacht? Wer wühlt im Laube?
Wer warf den Speer zu weit –
Getroffen spritzt die Traube
auf Eos' Runenscheit.

Nicht ich, doch schwer verständlich
stirbt Licht und Reh und Rock –,
mit Leinenflaggen, ländlich,
bleckt Tag vom fünften Stock.

Verliebter Morgen

Andere Welt – Blütenfrühe
noch vor dem Erwachen –, Morgen
im Zeichen verzaubernden Zephyrs.
Der Möwenzüge
günstige Arabesken in heiterstem Himmel,
Dianen,
grüssend von jedem Balkon ...

EIN:
      Pappelspitzen, die feuchten Geländer –
AUS:
      Ziegelglanz und die zitternde Venus –
ATEM:
      Hengste mit klingenden Münzen,
Markt der Feigen und Veilchen im milchigen
Schatten des Walds,
Moschee – und kein Ende – o Stunde
erwartend die Prinzin,
die Opiumziege!

*

Nun ist es soweit: Die Blätter flackern
und über ihr Haar
wiegt manche Hand die Kastanie.
Geplätscher steigt niedlich um Ruhstatt –,
Horn, Speer und Beute um uns –, Kelter,
Gerät für die Ernte, Traubenstimmen
erpresst zwischen fliegenden Herzen.

Auch Häute, Felle
heiss von Sonne und Korn. Das kreist und wogt
und wimmert aus Lidschlag
und Lippe: Du –

Flieder

Dort aus dem Doldenmoor –, leise
sinken die Segel und
der blaue Pulp
spürt kühlen Blickes (du schauerst)
so Düfte, Pläne von Nie-mehr-zu-Bauendem
auf –, was wirst du morgen noch
weitertragen?

Die Nacht spült Vergessen –; höhnisch
zuckt da ein Muskel im Echo,
hält an,
und du glaubst eine zweite Sekunde zu dauern
im Arm jenes andern, früher –, der ging doch ...

– so weit gingst du nie.

Dein Auge verengt sich –: Schlaf,
wer weiss was dir morgen
blüht –

Frage nicht

Da kreist ein Wirbel, dort fliegt Asche hoch;
ein Tramunglück, ein lächelnd Überstehn –
Ein Sekt von Welt schäumt aus der Flasche hoch:
Trink du das Deine, frage nicht für wen ...

Der Abend rauscht schon. Noch die Feste vor:
Terrassen, Ufer und vom Blick Bewegtes –,
dann sinkt es nieder und der Meteor
bleibt dürres Blatt, vom Winde hingelegtes.

Du denkst Vergangenes in kühle Kissen,
hältst jede Stunde für das Auferstehn –
Kein Glanz, nur Dämmerung von fernen Küssen.
Den Rest vergiss und frage nicht: Für wen –

Conca d'or

So schmerzt die Stunde wen die Muscheln riefen
nach jener Insel, die ihm nie vergeht –
Er weiht den Traum ihr, weilt, mit des Kalifen
Verzückung vor der Houri, im Gebet.

Nach ihr drehn seine Nadeln –, überliefen
doch längst die Worte, Nordens garer Met –
Sein ausgeprägtes Leid schläft in den Tiefen,
bis ihres Boots Gewölk darüberdreht ...

Auch Segel, solchen Tages rote Schwäne,
was in des Azurs Acker Furchen zog,
empfing den Keim des Traumes: seine Träne –

Und jede Nacht aus den Oliven flog
die Taube mit dem Ölzweig zur Domäne
des Träumers Trost für den sie golden trog.

Tempeltanz

Den Weg, in Schantung, nach des Reiches Mitte,
kreuzt eine Spur, vom Meer her links ins Moor –
Kein Zeichen aus dem unverwischten Schritte,
doch eine Stimme schweigt, ein ganzer Chor ...

Ein zitternd Kniegelenk, ein Schatten glitte,
ein Unerfülltes das sich längst verlor –,
das Langerwarten ohne Ende litte,
zögst du den Vorhang, dir noch einmal vor.

Uralte Schwaden in den Traum Entzückter
schwäng eine tödlich taumelnde Figur:
Die Blüte fiel! und aus dem Kreis gebückter

Asketen höb sich eine Hand zum Schwur ...
Du hebst den Blick – bist Jetzt! O ein Verrückter
bist du inmitten aller Reiche nur –

Versteinerung

Paläste, Häuser, Grau der Tauben,
unaufhörlich Stundenspiel –
Wir sind Verwandelnde im Glauben,
nichts sei alles, Wandlung viel.

Die Strasse weiter: – Atem holen,
schlägt die Welle um uns her –
Auf Tempelfliesen nackte Sohlen,
Tanz der Vorzeit – ephemer.

Du Wandrer dieser Strassenzüge:
Ich bin's nicht und doch sind wir's.
Wir, über Dächern Vogelflüge,
Flucht in Kellern, Angst des Tiers?

Du liebst das Licht nicht dieser Morgen,
da der Schlaf aus Fenstern stürzt –
Sagst: wer dich liebt hält sich verborgen,
da dein Herz sein Dunkel würzt.

Dein Herz, das Rätsel aller Stunden,
keinen Schritt von dir zu mir –
Ältester Frühe Traum und Wunden
blickt erstarrt in unser Hier …

Sommerkraut

Der Wind schlief tief
im Sommerkraut.
Die Grille rief
und sonst kein Laut.

Du lagst im Gras.
Mit Weiss beschlug
des Himmels Glas
dein Traum im Flug.

Pans Feuer stieg,
ein grüner Rauch –
Betäubt nun schwieg
die Grille auch.

Der Wind schlief tief
im Sommerkraut.
Ein Käfer lief
auf deiner Haut.

Pappel

Grüne Woge im Azur
trägt den Blick.
Diese Stunde spürst du nur
noch als Glück!

Tier des Meeres Himmelblau,
irgendwo
morgen, fällt des Glückes Tau
nicht mehr so –

Denn die Woge wirbelt schon
Silbersand –,
wie im Herbst, gepeitschte von
Windes Hand.

Und die Hand im Blätterfell
trachtet Mord,
dreht das Rauschekarussell
dann der Nord –

Grüne Woge im Azur,
wirf den Schwimmer
an den Strand der Allnatur,
jetzt für immer!

Rondo

Ich bin wie schon gestorben.
Geh, es hat keinen Zweck!
Ich wiege mit der Ähre,
niemand weiss mein Versteck.

Ja, wenn ich wieder wäre ...

Doch es hat keinen Zweck –
Jetzt wieg ich mit der Ähre,
fahr in des Windes Fähre,
im Wind ist mein Versteck.

I

Man wird es sehen, es hat nicht gereicht.
Der Lorbeer kam, der Lorbeer soll entweichen:
Ich sang an Mauern, sang mit Kreidezeichen –,
der erste Regen hat sie aufgeweicht.

Man sieht nun nichts mehr. Nur im Rinnstein schleicht
ein grauer Rest noch, ehmals Kreidezeichen –
zu Kronen, Reichen, – Reste: Blindenschleichen,
des Sängers Fluch, die Zeichnung war zu leicht!

Ich fand, dass Ziege schlecht sich reimt auf Hund,
selbst nach gesund war's falsch von A–Zett.
Ich sehe ein, auch dies ist Kreidegrund –

Moralisch Igel, vor den Kopf das Brett
mit einem Loch nur für den Brunnenmund ...
Und ob es Grund hat: Hier ein streng Sonett.

II

Doch, ob ich dreissig solche schreiben werde,
das hängt noch sehr vom Skeptizismus ab.
Der Horizont, ich fürchte, ist zu knapp
und zudem fehlt die grosse Schreibgebärde.

Fürs nächste miet ich mir zwei Freiluftpferde.
Verhängnis heiss hinfort der Stubentrab –,
es fehlt noch vieles und am Wanderstab
diverse Schilder der lokalen Erde.

Auf Taubenfüssen und mit Schneckenbeinen,
ich weiss nicht ganz, wo da die Trennung liegt,
zufällig zeitlos soll die Muse weinen,

bis ihrem Schnupftuch der Diwan entfliegt –
mit Überzügen, frommem Spruchbandleinen,
der mich in faustische Bezüge wiegt.

Homo Helveticus

Ich bin nicht sehr geschickt,
im Verseschreiben –
Mir hängt der Trick überhaupt zum Hals hinaus.
Sicher: Ihr werdet mich nicht mehr
ins Dickicht treiben –, ich habe euch satt
vom WK bis zum Primarschulhaus.

Schweizer, Schweizer, liebe Brüder
von Hasenschart, das sind jene Figuren,
die sauer reagieren,
wenn niemand nichts dagegen hat.

Gesetzt den Fall, in allen anderen Köpfen
ringsum und allüberall blaut's –:
Dann bestimmt nicht bei den Schweizertröpfen
mit dem Tabakhorn
unter dem Schnauz.

Die backen sich, Kreti und Pleti,
zusammen und dünken sich wunder was –
Aber am meisten von allen Kuchen
macht ihnen der eigene Dünkel
Spass.

Wenn wir Finger hätten, so Tat-liche,
oder den NZZ-etzlichen Griff,
um in Kanonen zu wühlen –, um die lobende Peitsche
sanft auf den Rücken der Bundessklaven
Hosianna! tanzen zu lassen –:

So schnitten wir sie uns weg und würfen
sie unter die Hunde, die
fast jeden Sonntag
um die Urnen streunen.
    Aber so ...
                    Salve! Zibu!

Nachwort:

Ihr habt es nun gehört,
dieses Neuro-rustikal-Gemisch.
Ob es stört, oder nicht stört:
Das war jetzt aus der Tiefe
    schweizerisch!

Auszug, Besinnung und Heimkehr

I

Noch trifft kein Licht auf unsre dunklen Küsten
und nur die Flut schlägt Funken jedesmal –,
die Flut von Tränen –, denn die Meere rüsten
zum Aufbruch; Frauen weinen am Portal.

So hält der Bogen sich bereit der Brücken
und spannt sich, als ein Weg zur Blumenflur,
dieweil mit Zeitung uns der Tod berücken,
langsam erdrosseln will mit Perlenschnur.

Und keiner weiss die Fahrt. Die Ankunftshäfen
nennt man von Nacht zu Nacht so hin und her –
Man wird uns finden mit durchschossnen Schläfen,
den Kopf im Sand, die Füsse noch im Meer.

II

Wo zu Hause vielleicht jetzt noch Rosen
ihren Duft streun in den Morgen leicht,
schleicht dann Tod als Bettler nach Almosen,
weil das Liebste als Gebeine bleicht.

Da du heimkehrst, wirst du nicht mehr staunen:
Längst verweht des Totentanzes Takt –
Nur dein Herz wühlt in versengten braunen
Leibern, fruchtlos schlagend, heiss und nackt.

Das wird sein, dein Land im scharfen Nord –,
und er fegt die Wüsten wieder sauber ...
Du stehst da, besinnst dich auf den Mord,
und zu spät auf der Armeen Zauber.

III

Es bleibt dir nur noch eine leere Stelle
und ein Ausweg, quer vom Schmerz verrammt.
Zur Unterwelt lockt eine schwarze Schwelle –
Nein! Halt ein, du bist auch so verdammt!

Ergraut, in Lumpen, trollst du mit den Schatten
dich verzweifelt weiter, fragst und fragst –
Und merkst kaum, wie dir nachts im Haare Ratten
nisten, weil du längstens auch erlagst.

Möglich, du findest dich in goldnen Sälen,
wo dich Engel anstarrn: Schon zurück?
Doch grausig mutet's nun an, mit Chorälen
Gott zu loben in des Nichts Versteck!

Herbstliche Terzinen

«Eh es schneit, ist auch
dies Lied vergessen.»
　　E. M. Dürrenberger

Eh es schneit, ist auch dies Lied vergessen
und du weisst dich einem andern nah –
Doch der Sommertag, der dich besessen,

glüht im Traum auf, ist noch immer da:
Jede Welle, lang verströmt an Stränden
deines Glückes ist wie Diotima –

Alle Liebe schwillt in deinen Händen,
alle Sehnsucht singt im Wipfelwind
jener Bäume unter Sommerbränden,

die wohl ewig nun in deiner Sonne sind.
Nimm das Bild auf deine dunklen Fahrten;
hüte es als einer höchsten Wonne Kind,

als ein Strahl, wenn alles stirbt im Garten!
So kann Trauer nie dein Herz erpressen,
immer sanfter wird der Abend warten –

Und zur Nacht ist auch dies Lied vergessen.

Feuerzauber

Wir sind gemacht, einander nah zu bleiben!
So sagst du bei Tag – ich hört's bei Nacht,
die du durch Zauber um den Tag gebracht –

Du weisst es noch und wirst nun trotzdem schreiben:
(Ich spür die Feder schon die Zeilen treiben),
«Von welchem Dämon nur warst du besessen?

Von welchem Schiff bist du entflohn, und wessen
Gedanke trieb dich sturm an meine Scheiben?»
Zuviel der Fragen. Hör: Ich will vergessen!

Die Glut der Nacht, das war dein Aug, dein Haar.
Dein Mund schlug Feuer, flammte wunderbar –
Du sollst mit solchen Flammen nicht erpressen!

Es ist vorbei. Sieh: Dein Gesicht scheint bitter
aus einem Meer von Süsse aufzutauchen –
Ich seh dich manchmal Zigaretten rauchen,

ganz harmlos hinter meiner Worte Gitter.

Mittag

Wir sind vielleicht im heissen Mittag nur
ein wenig Lärm auf eine stille Gasse.
Was weisst du mehr? Du liegst auf der Terrasse,
dein dunkles Herz geht durch den dunklen Flur.

Was weisst du mehr? Der Bach rauscht; unterm Rauche
ruhn Dächer wie ein Wald, bevor er brennt –
Wir sind die Fliehenden, die Maus im Strauche;
wo wär die Flamme, die uns schont und kennt?

Was sollten wir uns nicht nur «Niemand» nennen?
Am heissen Mittag tut sich viel geheim –
Das dunkle Herz kann niemand mehr erkennen:
Ein wenig Lärm noch zuckt aus einem Reim.

Wäldertraum

Was willst du weiter
mit den Göttern ringen?
Zu lang wohl
sind sie deine Bitten los –
Am Bug der Wälder,
mannshoch unter Moos,
versucht der letzte
sich zur Welt zu bringen ...

Sein Lockruf: «Du liebtest,
du lebtest doch auch,
gingst Strassen lang, hoch die See,
Lächeln und Schweigen –
So komm doch, was blieb schon:
so wenig zu zeigen,
ein Wäldertraum, abgeholzt,
Harz, Nadel, Rauch ...»

Was rauscht dir aus Dämmer,
aus all dem Entfernten
noch Hoffnung,
noch Spiele des Sommertags zu,
– die Dünung,
der Nerven noch dunkleres Du –
um vieles zu spät,
was die Götter dich lehrten.

Es ist fast zu Ende doch,
du und das Spiel –,
zwei Kugeln nur,
die sich für immer verschlossen,

zwei Nüsse, die taub
an die Wurzeln jetzt stossen:
der Wäldertraum, abgeholzt,
knirscht unterm Kiel.

Einklang

Mit einem Worte wird die Welt erneuert,
der frische Zweig ragt aus dem alten Stamme –
Das Ehmals fällt, vom Winde durchgescheuert,
ein bisschen Rauch steigt aus der Lebensflamme.

Das Haus liegt plötzlich als ein Schiff im Hafen.
Wir stehn am Fenster, unten kreuzt ein Tram –
Du suchst den Ort, wo wir uns niemals trafen,
und sagst dann dunkel, salzig: Amsterdam …

Geheimnisvolles Nichts. Die Welt benetzt
von einem frischen Meer, das lockt und lauert –
Wir sind allein, nach jenem Hier und Jetzt,
getrennt, vereint solang das Schweigen dauert.

September-Bucht

Wir werden immer miteinander sein –,
der Tod ist sanft: ein Teil Melancholie,
zum andern Glanz, Moulin à vent, ein Wein
der noch zu Küssen drängt, zum Griff ans Knie ...

Du bist so warm, so heiter rinnt dein Lachen
von allen Bäumen nieder, perlt und ruht –
Man taucht den Tag hinein, spürt sich erwachen,
da rinnt dein Spiegelbild bereits im Blut.

Wir werden immer miteinander trinken –,
der Tod ist sanft: zwei Ströme münden ein.
Dein letztes Lächeln wird vom Ufer winken –
Das Meer kennt niemand. Es wird Stille sein.

Requiem

Wolken strömen, Liebling,
schmal die Spalte des Lidschlages lang,
– vorüber die Züge, Armaden –
o du –

Die fernste Figur, Liebling,
– die Ruder brachen, es knirscht am Kiel –
erobert, doch nicht zu erreichen,
bist du –

Hüften, Haare, Liebling
ich seh's: mit Algen am Knie, Gemurmel,
und Muschel und Sprott hangen quer –,
woher?

Zu Haus nun für immer, Liebling,
auch wenn du fährst und schreibst und flirtest,
ahnungslos unsterblich
tot bist –

Nachgelassene Übersetzungen (1950)

Paul Verlaine

Mondsilberfluh –
Die Bäume glimmen;
aus allen Ästen
sinken Stimmen
durch Laub und Ruh ...

O Liebste du ...

Im Weiher sind,
auf Spiegelgrund,
Konturen schwarz
der Weide und
drin weint der Wind ...

Traum, der wir sind ...

Und himmelweit
erscheint verklärt
herabzuwehn
vom Sterngefährt
die Zärtlichkeit ...

Oh, Zauberzeit.

Arthur Rimbaud

Ophelia

I

Auf samtener Welle, still, die Sterne drin schlafen,
schwebt weiss die Wunderblüte Ophelias
am Schweigen vorbei, das zart ihre Schleier trafen:
Man hört aus dem nahen Gehölz die Rufe Dryas –

Hier treibt Ophelias traurighelle Beschwörung
aus dunkler Vorzeit hin über schwarzem Fluss.
Seit mehr denn tausend Jahr gilt die Betörung
und lockt im linden Abendwind zum Kuss.

Küsst Wind ihre Brüste, entfaltet mit Edelsteinen
entlang im weichen Geström ihren wiegenden Sylph –
Auf schneeige Schultern schauernde Weiden weinen
und träumend neigt sich vor ihrer Stirne das Schilf.

Ringsum sie seufzen die Wasserrosen und zittern ...
Bisweilen lockt aus irgendeinem Nest
im Schlaf der Erlen lau sie Flügelflittern:
Gesang voll Rätsel fällt vom Sternenfest.

II

Ophelia! Schön wie fallende Wolken aus Eis!
Du starbest, Kind, durch ein gewaltiges Fliessen –
Das war, als Stürme aus Norwegens Gletscherkreis
von seligem Aufruhr sprachen, dir Freiheit verhiessen;

das war, als ein Wirbel von Atem dein Haar überfuhr,
in deinen Traumflug fremdeste Laute drangen –,
als hoch dein Herzschlag schluchzte, sang Natur:
Die taube Klage des Baums und Nachtseufzer sangen.

Das war, als die Stimme der Meere dir giftig und bitter,
zu süss und zu irdisch die jungen Brüste zerfetzte;
als morgens im frischen April der fahledle Ritter,
ein armer Narr, sich stumm an die Knie dir setzte.

O Himmel! Liebe! Freiheit! – Welch ein Schaun!
Du mischtest dich mit ihm wie Schnee und Feuer –
Deine grossen Gesichte erstickten das Wort im Vertraun,
– Am All erschraken die Augen dir ungeheuer!

III

Und der Dichter sagt, dass nun in den Strahlen der Sterne,
die einstigen Blumen du suchst, die Nacht die geschah;
und dass er, in Schleier gehüllt, dich sagenferne,
auf schwarzer Tiefe als Lilie treiben sah …

Alfred de Musset

Sonett

Ich habe die Kraft und mein Leben verloren,
der Freunde und Freude Paradies;
den Stolz, der weit mich glauben liess,
ich sei zu hohem Tun geboren.

Wie einer, dem der Wahrheit Flug
zur Freundin wird, glaubte ich mich;
doch, als ich ihn dann inniglich
verstanden, floh ich diesen Flug.

Und dennoch ist sie immerdar,
und welchen sie verborgen war
hienieden, fanden keine Gaben.

Gott spricht, man soll ihm Antwort geben:
Das Beste, das mir blieb vom Leben,
ist hie und da geweint zu haben.

Alphabetisches Verzeichnis der Gedichte

Abend, eine Strasse und ein Mittag in der City, Ein 332
Abendland 251
Abendspiel 267
Aber immer wirst du wieder stürzen 197
Abgrund 284
Abschied 101
Abwärts 45
Albisstrasse 153 253
Am Kamin 56
Am Ufer 30
Anders als einsam geht es nicht 203
An einen Clochard 145
Antike Vase 40
Apfelzweig 198
Après 97
April 200
Archaisches Sonett 303
Astern 69
Atlantis 311
Aufblick 166
Auf einem helvetischen Ziegel aus dem Jahre 1952 327
Auferstehung 231
Auftakt zum Tag 329
Augur 100
Aurora in Zürich 343
Aus dem Tagebuch eines Soldaten 233
Auszug, Besinnung und Heimkehr 359

Ballade in Blau 79
Begegnung, Die 13
Berceuse 110
Berge des Vergessens 266
Besteckaufnahme 149
Betrunkener Matrose 229

big bell, The 104
Blatt, Ein 239
Blauer Eisenhut 47
Blendung 242
Blick in die Nacht 112

Cabane au Canada 95
Cézanne 1877/78 323
Chanson 111
Chinesischer Garten 181
Conca d'or 349
Credo 63

Dämmerklee 68
Dämmerstunde 276
Damals 131
Debussys Clair de lune 136
Dem Städter 163
Der Wolken rote Dämmerherde 185
Dich – 135
Dichter singt I, Der 186
Dichter singt II, Der 188
Diese Bäume, so ganz Kontur 192
Doch du selber, du selber fehlst 193
Dörfliche Motive 129
Dunkle, Der 120
Du schweigest fein 134

Ebenbild 123
Einklang 366
Elegie 261
Erde und Himmel 158
Ergründungen 219

Fabrikmorgen 252
Fanal 260
Fata Morgana 307

Feuerzauber 362
Flieder 347
Frage nicht 348
Frei, ewig frei – 137
Fremde Tränen 49
Frühlicht 344

Gartennacht, Die 237
Gedichte 50
Gelber Himmel 264
Genug zu wissen, dass Schein
 besteht – 204
Geschichtlicher Tanz 280
Glocken 82

Herbstgesang 272
Herbstgewitter 271
Herbstliche Terzinen 361
Herbstnacht («Die bittere Insel aus
 Mond uns Stadt ...») 275
Herbstnacht («Die Sümpfe von
 sahnigen Nebeln geweitet ...»)
 274
Herbstsonne 318
Herbsttag 273
Herbstzeitlos 27
Himmel 59
Hitze 150
Hol über ... 293
Homo Helveticus 357

Ich geh unter lauter Schatten 154
Ich im Jahr 191
Im Regen 183
In der gläsernen Stille 177
Indianische Sängerin 42
In Sturmnächten 169
Intérieur 84
Intime Ausstellung 106
In Versen 312

Januar 194

Kam je ein Strom einmal zurück
 157
Karfreitag 299
Kathedrale, Die 283
Kentaurin, Die 17
Kindliches Rendezvous 78
Kleines Lied 164
Klöster der Einsamen, Die 11
Kreislauf der Quelle 221
Kulturlandschaft 24

Lass nur – 300
Laterne war's nur ..., Die 105
letzte Aufbruch, Der 165
letzte Lied, Das 269
Lied 113
Linie 317
Lorelei 297
Lotos 64

Märchen 236
Mandarinen-Mittag 172
Man wird es sehen, es hat nicht
 gereicht 355
Margueriten 46
Mauer, Die 76
Meine Nächte 199
Mein Schatten 286
Memento I 146
Memento II 147
Miniatur nach Mitternacht 308
Mittag 363
Möwe 114
Moment poétique 43
Mona Lisa 144
Mond 86
Mondlied 148
Mondsilberfluh – 371
Mondwolke 62

Monolog 21
Monsun 90
Morgen 246
Morgen in Aussersihl 75
Morgennebel 301
Morgenröten 321

Nach Mitternacht 152
Nacht («Herz in Geissblatt und Ranunkel ...») 168
Nacht («Laute des Tages ...») 268
Nachtbalkone 61
Nachthirsch 109
Nachtmahr 96
Nachts am Quai 85
Nachtschnellzug 178
Nächtliche Wandlung 184
November («Der Herbst, der späte ...») 67
November («Nichts ist mehr zu halten ...») 277
Nu exotique 39
Nur Farben, nur Spiele ... 73

Ohne Worte 159
Oktober 314
Ophelia 372
Orkanische Musik 250
Orpheus 224
Ostersturm 262

Panische Stille 295
Pappel 353
Parzenlied, Ein 125
Pergola 232
Perle 116
Plötzlich ergreift dich ein grosser Glanz 195
Prolog 141
Prophetisches 217

Pythia 291

Regenblick 48
Regenbrandung 127
Reigen 44
Requiem («Eine Zahl, die es nie geben wird ...») 282
Requiem («Wolken strömen ...») 368
Réveille 89
Rhythmen 38
Rondo 354
Rose um Mitternacht 57
Rote Strophen I 304
Rote Strophen II 305
Ryfenstein 128

Schatten sinken 53
Schicksale 259
Schiff, Das 228
Schläfer, Der 74
Schon fast vergessene Frau – Fürstin! 202
Schrei, Der 170
Schulterstern, Der 60
Schwere Strophen 306
Sekunde des Bösen, Die 281
Sekunde des Schönen 35
September-Bucht 367
Sommerabendsonett 52
Sommerkraut 352
Sommernacht, Die 238
Sommerregen 201
Sonatine 278
Sonnenblumen, Die 22
Sonett 374
Sonett aus einer kleinen Sitzenden Hermann Hallers 167
Spätsommer-Elegie 270
Spiegelung 315
Spindellied 130

Stadtabend 247
Stadtmorgen («Ich wache an dösenden Schwellen ...») 244
Stadtmorgen («Noch ist Platz in meinen Schleiern ...») 23
Ständchen 310
Sternbild Paul Valéry 240
Sternlos die Welt unter Tieren 254
Stilleben 316
Stimme, Die 171
Strömung 28
Strom 124
Stundenspiel 36
Sturmvogel 55
Südliches Bergtal 179
Südmeerüber ... 313

Tag 31
Tee (frühe Fassung) 83
Tee (späte Fassung) 133
Tempeltanz 350
Terzinen der Dauer 258
Tief wird es blauer ... 322
Träumerei 156
Traumwelle 302
Tula, die Gegenwart 33

Unter Brücken 99
Unter Büffeln der Stille I 87
Unter Büffeln der Stille II 88
Unter uns gesagt 143

Valse triste 32
Verdämmern 51
Vergang 98
Verliebter Morgen 345
Verlöschende Flamme 234

Verse einer Nacht, Die 70
Verse für Rheila 173
Verse zur Zeit 256
Versteinerung 351
Verträumte Tage 182
Vollmond 249
Von letzten Dichtern («Ein Licht zum Beispiel ...») 328
Von letzten Dichtern («Von letzten Dichtern die Kunde ...») 102
Vorbei 255

Wäldertraum 364
Waldherbst 190
Was die Wölfe frassen 119
Weinstern 122
Weise vom Kriterium eines Heutigen, Die 91
Wenn dich aus dunklen Tiefen 196
Wenn es nicht Morgen würde 153
Wieder dunkel 309
Winter (frühe Fassung) 94
Winter (späte Fassung) 132
Winterabend 279
Wir Heimatlosen irren immer 189
Wolke ist verflogen, Die 320
Wort, Das 126

Zauber 331
Zigeuner, Der 121
Zigeunerisch 142
Zisterne, Die 34
Zöllner 151
Zwei Gesänge gegen die Masse 206
Zweifel 205
Zwielicht 155